神的真愛

David Harwood 著

FIG TREE INSTITUTE

神的真愛 (God's True Love)

作者: 大衛‧哈伍德 (David Harwood)

譯者: 鄧詠姍 (Nicole Tang)

編輯，發行人: Fig Tree Institute, www.figtreeinstitute.org

出版日期: 11 月, 2013

封面設計: Charles Ciepiel, www.goccdesign.com

參考經文: 和合本中文聖經

ISBN: 978-0-9858758-1-7

Library of Congress Control Number: 2013954650

引言

某年夏天，我有一個機會在曼哈頓一間教會的地下室裡教導一個課程，這個課程隨後成為本書內容的基礎。在第一天的課程中發生的事很有意思...。我站在三十個學生面前，他們像一支特種部隊準備去從事聖靈的工作。但我察覺到其中的一些學生覺得學習關於神的愛是與他們的事工毫無關連，對他們而言神的愛是一分基本的東西，不值得他們付出太多的時間和努力。我看了看神職人員們的反應，在他們其中也有些人顯示困惑。以那些神職人員的事工經驗，他們很擔心如果去強調神的愛會分散那些學生對追求神的事工的注意力。

我發現這組成員，對有關神的愛存在著很多的誤解；我也發現有很多人覺得自己已經完全明白了神的愛。令他們驚訝的是，在為期三個月的學習結束時，無論是學生還是神職人員，他們改正了原有對神愛的保留態度、他們的問題得到解答，思維模式被更新，生命得到了改變。

像這些學生，很多人對神的愛存在著錯誤的概念。有時候我們從屬靈中得到的經驗超越過我們從教義中所得到的理解。我們的經驗是經由我們認為是正確的事來闡釋和肯定的。有些人被自我的思維體系所束縛而不能真正經歷神的愛；另外有些人則懷著一些「個人信仰」致使他們不能在與神直接的交流中獲益。

這本書的目的要是幫助你在神愛的基礎上與神建立關係，並由這個基礎建立一個堅固的生命根基。在追求神愛的過程當中，我們會發現我們對神的愛有一些不正確的看法，那些錯誤的看法令我們無法與神建立祂所渴望與我們的豐富關係，這個豐富關係亦即是神造我們的目的。我們只能在知悉了聖經中所指示的神的愛之後，才可建立一個正確的根基。在這本書裡，我們會查考新約和舊約的內容，使徒的觀點，還有耶穌的榜樣和見證。我們會對愛下一個合乎聖經的定義，也會透過經文描述，去確定神對我們的愛究竟是如何。我們會盡力回答一個問題：為什麼神愛我們？

這本書的目標是帶領你走進經文的知識寶庫,並從中建立你對神的信心----你的信心塑造你的世界觀,它引導你去經歷神靈的事工。這本書的要點是:神深愛著我們每一個人,祂真誠的、親自的愛著我們。神渴望我們去持續不斷的經歷祂的愛,住在主愛裡;這也是這本書的目標。

當你閱讀這本書的時候,你要有渴望的態度去追求神,認真思考經文的內容。就像使徒行傳 17:11 所記載的這些人「甘心領受這道,天天考查聖經,要曉得這道是與不是。」我們相信這本書中所寫的是實質上正確的,但我們也同時認識到,充其量它也不過是事實的一部分。「我們現在所知道的有限,先知所講的也有限。」(林前 13:9)

然而,儘管我們知道的是有限,但我們應效仿保羅的態度:「但我們既有信心,正如經上記著說,『我因信,所以如此說話。』我們也信,所以也說話。」(林後 4:13)。當彼得和約翰做見證:「我們所看見、所聽見的,不能不說。」(徒 4:20)所以,因著信,我們被神的愛奪走,為聖靈和聖經作見證,所以我們把這本書推薦給您。

雖然您將與此書的內容有所接觸,但最重要的是要把你從這本書中得到的信息及規勸和你每日同神的生活相結合。您如想要從書中得到益處,就需要與神接連。你所讀的內容只能給你的頭腦一些信息,但是與神靈的接觸能真正改變你的心。

在你開始閱讀之前你需要做一個決定,就是要去默想神的話語,通過經文祈禱,並且花時間來到神前。我們渴望的是,每一個閱讀這本書的人,都能夠有生命性的改變。我們盼望並祈禱,神賜下祂的能力,讓你可以掌握及了解祂的愛,並改變你與祂的關係。望你與神的關係更加成長,對祂有新的信心,對祂的愛也有更穩固的理解。認識神的愛最終將使神充滿你的生命(弗 3:19)。當你認識了神的愛後,你可以有信心的來期盼你的生命會得到益處,你的服事會更有成效。帶著你的興奮和決心來接受神為你預備的一切吧,畢竟,你是神的真愛!

「我越研讀新約聖經，越過基督徒的生活，我就更加堅信，我們的根本困難，我們的根本缺乏，是缺少看到神的愛。這並不全是因為我們的知識有缺陷，而是我們缺乏對上帝的愛的視野。因此，我們最大的目標和努力應該更了解神，從而，我們更愛祂。」——Martin Lloyd-Jones《上帝的愛》

第一部分：從聖經的角度出發

第一章　　耶穌，神的愛子

我愛你們，正如父愛我一樣，你們要常在我裡面。（約 15：9）

讓我們以幾個問題來開始：認識神的愛有什麼重要性？強調認識神的愛會不會讓我們忽略其它更為重要的東西？或者說，神的愛對基督徒的屬靈生命真的這麼至關重要嗎？追求認識神的愛真是我們該做的嗎？還是我們在浪費時間？

要判斷神的愛在信徒的生命中有多重要，我們需要讓經文來告訴、引導我們。要準確的回答這問題，讓我們問另外一個更好的問題：「關於認識神愛的重要性，經文中有什麼教導？」

當我們查考經文，你會看到聖經的教導：（1）認識神的愛很重要，（2）神的愛是針對所有的信徒，（3）神的愛是認識神的基礎。

耶穌的榜樣
如果你瀏覽福音書卷，就會注意到，耶穌生活在持續不斷的認識天父的愛中，耶穌很確信祂和天父的關係，祂知道天父對祂的關心，祂也信靠天父，從始至終祂都把自己的生命交託在天父的手中。(詩 71:6)

經文中提示到一些有關天父與耶穌之間建立於愛的關係 。天父曾數次說出了祂對兒子的愛和肯定，在耶穌受洗的時候，祂聽見神的聲音，天父直接說出了祂對兒子的愛。

> 你是我的愛子，我喜悅你。（可 1：11）

「我所喜悅的」，希臘語是 eudokia，這是一個很強烈的詞彙，意思是十分的高興或喜悅。當天父說祂有多麼愛自己兒子的時候，神的聲音穿破了沉寂的天空。耶穌從中肯定了自身的形象，這個詞給耶穌的心靈印上了一個標記，給祂自己一個認知；同時，這也成了耶穌為彌賽亞自我認知的基礎。這句來自天父的話讓耶穌能更堅強的防禦魔鬼的試探，也主導了祂將後所有的事工。

在登山變相的時候，天父也說耶穌是祂的愛子。耶穌也見證了祂父親所說的。

> 有一朵雲彩來遮蓋他們，也有聲音從雲彩裡出來，說：「這是我的愛子，你們要聽祂。」（可 9：7）

耶穌也講到祂經歷過這份愛，祂知道父愛祂：

> 我愛你們，正如父愛我一樣，你們要常在我的愛裡。（約 15：9）

並且祂知道為什麼父會愛祂，祂明白父親欣賞和尊重祂哪些方面，神的羔羊知道為什麼神會「喜悅」祂。

> 我父愛我，因我將命捨去，好再取回來。（約 10：17）

聖經說，天父將萬事都託付給兒子，為什麼？耶穌講論施洗約翰說他不僅是先知，並且比先知大多了（太 11：9）。約翰以先知的預言給了我們答案：由於父神的愛，耶穌擁有權柄：

> 父愛子，已將萬有交在祂手裡。（約 3：35）

天父賦予耶穌多少的權柄呢？在約翰福音，耶穌高聲吩咐說：「拉撒路，出來！」施洗約翰的見證在約翰福音 13:3 得到印證，使徒描述了耶穌對自我的認識：耶穌知道「父已將萬有交在祂手裡。」

彌賽亞（耶穌）被視為是一個先知，和摩西同等（徒 7：37；約 1：17）。我們看到，施洗約翰認為耶穌的權柄是來自於天父的愛。同樣，神子並沒有把祂先知的領悟力歸因於祂的聖潔或是給以色列的神的捨身奉獻。彌賽亞知道，祂之所以可以領受啟示完全是出於天父對祂的愛：

> 父愛子，將自己所做的一切事指給他看，還要將比這更大的事指給他看，叫你們希奇。（約 5：20）

明白了天父的愛，讓耶穌非常有信心。看看祂的膽量，甚至是面對死亡也無所畏懼：

> 我也知道你常聽我。但我說這話，是為周圍站著的眾人，叫他們信是你差了我來（約 11：42）

耶穌完全明白這份愛有多麼真實，祂清楚的認識使祂可以把同等的愛傳遞給門徒；祂的體驗是一個可以傳遞給別人的體驗：

> 我愛你們，正如父愛我一樣。（約 15：9 上）

耶穌給門徒們洗完腳，緊接著說祂給他們在態度上和行為上做了一個榜樣。然後彌賽亞告訴門徒們要彼此相愛，正如祂愛他們一樣。使徒們也效法了耶穌給我們留下了榜樣，彼得鼓勵我們要「跟隨祂的腳蹤行」（彼前 2：21）；保羅告訴我們要效法他，就像他效法基督一樣（林前 11：1）；約翰期盼信徒們潔淨自己，「像祂潔淨一樣」（約一 3：3），他寫道：「因為祂如何，我們在這世上也如何。」（約一 4：17）。

很多讀過約翰福音的人都記得約翰與眾不同的稱他自己是「靠在耶穌胸前的門徒」，在這描述中暗含著耶穌和天父的關係，同樣性質

的詞彙常用來描述耶穌，被稱作「父懷裡的獨生子」（約 1：
18）。在這個預言性的宣告中，我們看到的畫面是：彌賽亞靠在神
的懷裡。這是一幅多美好的圖畫，它刻畫了父子關係的親密及耶穌
對神的信靠！耶穌清楚天父的愛，祂安息躺臥在神的心上，我們也
要做同樣的事。畢竟，耶穌清楚告訴我們說祂與父的關係就是我們
與祂的關係的一個榜樣。

彌賽亞在凡事上都作了我們的榜樣，我們最大的目標就是要效法神
的兒子（羅 8：29）。我們被神所聖潔的其中過程是讓我們走進神
的榮耀的一個部分。很奇妙，這種與神親密的關係致使我們達成我
們的最終目的地，也是我們聖潔的最終目標。

透過這些經文（還有很多別的經文），我們看到耶穌在凡事上作了
我們的榜樣，祂明白神的愛，作為一個人子，祂持續不斷的經歷這
份愛。因為祂是我們的榜樣，在我們的日常生活中也應該去認識並
依靠神的愛。

耶穌的命令

耶穌不僅僅是為了給我們做榜樣，祂個人就活在認識神的愛中，同
時，祂也給門徒這樣的命令，讓他們也要如此行。你知道神要求你
去認識祂的愛嗎？這是真的！請閱讀下面一段經文，它提供了一些
上下文背景。

> 我是葡萄樹，我父是栽培的人。凡屬我不結果子的枝子，他
> 就剪去；凡結果子的，就修理乾淨，使枝子結果子更多。現
> 在你們因我講給你們的道，已經乾淨了。你們要常在我裡
> 面，我也常在你們裡面。枝子若不常在葡萄樹上，自己就不
> 能結果子；你們若不常在我裡面，也是這樣。我是葡萄樹，
> 你們是枝子；常在我裡面的，我也常在他裡面，這人就多結
> 果子。因為離了我，你們就不能做什麼。人若不常在我裡
> 面，就像枝子丟在外面枯乾，人拾起來仍在火裡燒了。你們
> 若常在我裡面，我的話也常在你們裡面；凡你們所願意的，
> 祈求就給你們成就。你們多結果子，我父就因此得榮耀，你
> 們也就是我的門徒了。 （約 15:1-8）

當耶穌說這段話的時候，祂馬上就要離開祂的門徒了（約 13：1-3）。祂在給門徒們做最後的指導，想要他們記住這些。在最後的時刻，祂給門徒們說的話非常重要。這段經文顯示了耶穌向祂的門徒強調的事情，祂將祂最關心的事告知門徒。首先要做的是什麼呢？「住在我裡面」。

彌賽亞耶穌期盼門徒與祂合一，這是至關重要的。祂馬上就要回到天父那裡去，祂希望使徒們要首先的和祂保持活躍的關係。耶穌不希望祂與使徒之間的關係因著祂的離去而結束。祂想持續祂與門徒的關係，因此彌賽亞告訴他們說：「居住在我裡面、棲息在我裡面、活在我裡面、與我有聯繫、不要停止與我同在。」

「居住」這個詞彙在希臘原文是動詞：menein。 Menein 意思是持續留在，棲息，在一個地方待上一段時間，持久等；它也被用來鼓勵人去等候。所以 menein 可以翻譯成：住在；以一種等候的態度或行為停留在。 Menein 常常被用來描述持久性的一些事物，在新約裡，這個詞出現了 120 次，其中約翰福音有 33 段經文提到了 40 次，約翰一書的作者在八節經文裡面 24 次用到 menein。約翰講到關於住在耶穌裡面的信徒和住在信徒裡面的耶穌。在約翰福音 15 章， 包含了要「住在」並「保持」在與耶穌持久性的關係中這樣的含義。

很多人得到了這個命令就住在耶穌裡面，但是他們卻忽略了第八節經文之後所應該做的。在第八節經文之後，耶穌給了我們一把住在祂裡面的關鍵：住在我裡面就是要常在我的愛裡。

> 我愛你們，正如父愛我一樣，你們要常在我的愛裡。 （約 15：9）

在沒有扭曲或改變經文的原則下，這段經文這樣可以這樣的解釋：「你們要持續不斷的意識到我對你的愛，就像我怎樣認識天父的愛。」在這裡有一連串相應的事情。要注意的是：這是一個關鍵也是一個命令。首先，耶穌要求門徒們住在祂裡面，然後祂在另外一個命令中進一步引導門徒，以解釋如何去實踐：「常在我的愛裡

（你就會常在我裡面）。」可能你從來沒有從這個角度來看過這段經文，但既然約翰這樣寫，就說明這兩個命令是不能分開的，它們彼此相聯。兩個命令我們都要遵守，但是要遵守一個，才可以履行另一個。

彌賽亞命令我們要在祂的愛裡，因為這對神來說是十分的重要。彌賽亞愛我們，想讓我們認識祂的愛。還要注意：「我愛你們，正如父愛我一樣。」住在耶穌的愛裡，我們不但會和祂有一個持久不斷的關係，並且耶穌怎樣接受從天父來的愛，我們也可以有同樣的經歷。這是一個具有活力和大能的愛。神要求我們住在這份不同尋常的愛裡（約一 3：1）。要記住的是，耶穌也居住在祂的天父裡（約 1：18）。我們是從住在神裡的主那裡接受的這個命令。耶穌清楚的認識天父的愛，並住在祂的愛中（約 5：20；15：10），這是耶穌生命中最重要的，所以祂也想讓祂所愛的門徒們照著做。

> 你們若遵守我的命令，就常在我的愛裡；正如我遵守了我父
> 的命令，常在祂的愛裡。 （約 15：10）

耶穌命令我們住在祂的愛裡，這是進入在耶穌裡的真義。這是耶穌的意願。當我們服從耶穌的命令的時候，我們就是按著祂的要求與祂建立關係。

本章總結

讓我們扼要的重述一下：首先我們看到天父的愛在耶穌的生命裡，這是我們與神建立關係的一個榜樣。我們發現認識天父的愛是耶穌正常生活中的一部分。祂沒有停止過認識這份愛，並且明白及經歷了這份愛。對祂來說，這很真實的。對於耶穌這是真實的，對於我們也該是一樣。

接下來，我們看到耶穌給了祂的門徒一個命令 —— 要住在祂裡面。祂給了他們一個可以保持和祂的關係的關鍵：就是要求他們住在祂的愛裡。因為這是一個命令，所以我們知道這對耶穌來說有多麼重要。耶穌將這個命令賜給了這群將不再與彌賽亞肉身同在的人。如果對他們來說那是有效的，那對我們來說也是有效的。主願

意我們有像祂一樣地生的。耶穌住在天父的愛裡，祂也要我們以同樣的方式來認識祂的愛。祂的生命和祂的教導都向我們顯明認識神的愛是一個標準，也是極為重要的。住在神的愛裡是住在耶穌裡並與祂建立關係的關鍵。

思考

神告訴摩西要按照祂在天上看見的樣式來建造帳幕：

> 又當為我造聖所，使我可以住在他們中間。製造帳幕和其中的一切器具，都要照我所指示你的樣式。（出 25：8-9）。

以這段指示作為一個預言的範例，我們看到要建立和耶穌的關係，就需要按著祂所設立的模式。我們願意把自己完全給祂，我們的角色是祂的國民、學生和僕人。可能我們不會說：「主，隨便按照你想要的方式來建立我們的關係。」畢竟，祂是神。在我們之前祂就與人建立了關係，祂有豐富的經驗，知道自己在做什麼。

我們會問：「主，我應該怎樣和你建立關係？」祂回答說：「我愛你們，正如父愛我一樣，你們要常在我的愛裡。」這就是這個模式的關鍵所在，在神為你和我所繪畫的生命藍圖中很重要的一個方面。你如何來建立這種關係？你是否住在了祂的愛裡呢？

1. 在本章，你學到了什麼最重要的真理？

2. 列舉三處經文，說明神要讓你認識並住在祂的愛裡。

3. 耶穌是我們的榜樣。花時間來思考，在福音書裡，有關耶穌和天父關係的教導。這些教導讓你學到什麼有關神渴望與你建立的關係?

4. 你是否想過約翰福音 15 章 9 節是一個命令？知道了這個命令，對你與神同行的生活有影響嗎？受到怎樣的影響？

5. 你認為，在信徒的生命中，住在耶穌的愛裡會是怎樣的？

6. 在本章中，你最掙扎的是哪部分？花更多的時間來研讀這方面的經文，並在禱告中交託。

7. 請用自已的文字解釋翰福音 15 章 9 節，並以此作為個人的提醒及禱告：

   我愛你們，正如父愛我一樣，你們要常在我的愛裡。

第二章　　耶穌門徒圈裡的見證

因基督也曾一次為罪受苦，就是義的代替不義的，
為要引我們到神面前。（彼前 3：18 上）

聖經的教導是，總要憑兩或三個人的見證才可定案（申 19：15）。我們剛看了耶穌的榜樣，祂活在持續不斷的認識天父的愛中。我們也看了耶穌命令我們，就像對祂的門徒一樣，要效法祂的榜樣，住在神的愛裡。讓我們再看聖經中其他的一些重要見證人。

在耶穌的所有門徒的圈裡，有另外一個圈子，就是祂指認的十二個使徒。然而在使徒的圈子裡，還有一個圈子，有些人把這個稱為內圈，其內的使徒和耶穌的關係最親近，經文中經常提到他們的名字，在福音書卷裡有關於他們的記載。我們發現，耶穌常常召集這三個人：彼得、雅各和約翰。

在彼得和約翰的寫作中，不難發現他們有著一樣的思路，就是神對人類的愛。在當時，這些人和耶穌的關係比其他人和耶穌的關係更親近，因為他們學的很好，所以能把耶穌的教導融入到他們的生活和事工當中。讓我們簡略的查考一下約翰、彼得和神的愛有著怎樣的關係。

約翰的榜樣

在第一世紀末，含有符類福音的材料分散在整個教會。約翰察覺到教會所知悉的是什麼，如此他在這認識中開始寫作。約翰福音給予我們的有敘述，也有指令，去補充當時教會所缺乏的教導。約翰要

確信人們沒有忽略或忘記某些事情。他希望我們對耶穌的教導能有
一個全面性的理解，因此約翰福音的內容，都是約翰認為對教會最
為重要，也是最需要的東西。這位使徒也從中揭示他認為最重要的
東西。

約翰本人也記載了「要住在神的愛裡」這個命令，在所有的符類福
音書卷中都沒有提到這一條文。這表示約翰對這條命令有什麼樣的
肯定呢？我們知道他對「愛」看得很認真。查考約翰一書會發現，
這本書有 105 節經文，「愛」這個字在 26 節的經文裡用到了 30
次。平均每四節經文都至少出現一次，約翰很多次地說道「神是
愛」，並且「愛人如己」。

很明顯，他遵守了住在耶穌的愛裡的命令。為什麼約翰福音的 3 章
16 節在馬太、馬可、路加福音書中沒有出現與它相對應的經文呢？
因為使徒約翰把神的愛看的非常重要。

要記住在這卷福音書寫作的時候，約翰是十二使徒中唯一存活下來
的成員，他是所有同齡人中活得最久的一個。與其他新約作者相
比，聖靈有更多的時間在他身上工作。他活到主後一世紀末，在他
晚年的時候寫了約翰福音。他失去了一個正常人該有的依靠，他的
父母，他的弟兄，他最好的朋友和同工，就連他一生對耶穌基督再
來的盼望也隨著耶路撒冷的摧毀而破滅。在這幾十年裡，教會的性
質改變了，變的更加機構化，猶太主流文化影響力也逐漸縮小。他
被驅逐了，寄居在小亞細亞。他年紀老邁，跟他同一時代的人都已
經不在了，這樣的一個人看待事物的角度跟他周圍的人是完全不同
的。

另外，約翰對耶穌的認識可能遠超於世上任何一個人。他曾跟耶穌
交談、一起吃飯；跟隨耶穌並且聆聽祂的教導。約翰不但在耶穌登
山變相的時候跟祂在一起，而且伴隨著耶穌走進了客西馬尼園；無
論是耶穌跟罪人一起吃飯，還是耶穌推倒聖殿裡兌換銀錢之人的桌
子，約翰都明白祂的心意。他曾和耶穌一同行走，他們的腳上沾有
來自同一條路上的泥土。約翰不但在耶穌上十字架的時候在場，而
且還見證了祂的複活。總而言之，約翰深知耶穌！

現在我們對約翰得到了一個比較清晰的了解。他是十二使徒之一，也是存活最久的一個。他是唯一接受耶穌基督對現在，過去和將來啟示的使徒。我們可以這樣想一下：約翰就是那種能讓神把啟示錄交在他手中的人。約翰的確是神國中一個了不起的人物。但是在他自己的著作裡他是如何稱呼自己的呢？他是否這樣說：「我是約翰，十二使徒之一，我對耶穌的認知最深。」或者是：「我是約翰，是當世活著最屬靈的人物」。不是的，在他的著作裡，他甚至連自己的名字也沒提過！讓我們來看看他是如何在他的著作裡對他自己進行描述的：

> 有一個門徒，是耶穌所愛的，側身挨近耶穌的懷裡。（約 13：23）

> 耶穌見母親和祂所愛的門徒站在旁邊，就對祂母親說：「母親，看，你的兒子。」（約 19：26）

> 就跑來見西門彼得和耶穌所愛的那個門徒，對他們說：「有人把主從墳墓裡挪了去。」（約 20：2）

> 耶穌所愛的那門徒對彼得說：「是主！」（約 21：7）

> 彼得轉過來，看見耶穌所愛那門徒跟著，就是在晚飯的時候，靠著耶穌胸膛說「主啊，賣你的是誰」的那門徒。（約 21：20）

耶穌愛每一個人，這個事實被約翰所接納並主導了他的內心生命，這深深的影響了約翰對他的自我形象。正是如此，約翰稱呼自己為「耶穌所愛的那個門徒」。約翰生活在「常在耶穌裡」這一誡命中。

讓我們再來思考約翰的生活經歷。想想在他生命中的一個週末，經歷了極端的體驗。耶穌的被賣和祂上十字架這些痛苦的經歷足以可在一個人的靈魂深處留下創傷，同時作為耶穌復活的見證人，他當

時的興奮，也在他的生命中留下了不可磨滅的記號：這都塑造了他的未來生命。

另外，再想想約翰對自己的認知。想像一下，權柄和名利很可能去誘惑他，因為他知道他比世上任何一個人都擁有屬靈的權柄。約翰知道，作為十二門徒之一，他的見證在他所生活的時代是最具有影響力的。這個人曾教導早期的「教會之父」，就像教導自己的孫兒一樣。是什麼樣的啟示才能保守這個在世上最具屬靈權柄的人去遠離驕傲呢?

約翰的生命強烈的燃燒著永生的火。他認識這位滿有慈愛的神。他深深明白並沉浸在耶穌的愛裡，以致至今仍以「耶穌所愛的那門徒」而著稱。耶穌的愛對約翰的生命產生了極深的影響，以至於他能帶著極大的熱情，致力於傳遞神是愛的信息。約翰熟知符類福音裡所講的內容，畢竟，他也是耶穌基督的見證人！然而，當他選擇來寫自己見證的時候，他所強調的重點卻有所不同。

當我們讀約翰福音的時候，我們就好像坐在一個人的腳前，這個人對耶穌有很個人的、親密、致深的認識。讓我們來問這卷福音書的作者幾個問題：

「你叫什麼名字？」*這並不重要。*

「你的職分是什麼？」*這並不重要。*

「你的種族背景是什麼？」*這並不重要。*

「你的回答太令我失望了。到底什麼是重要的？」

讓我告訴你是什麼保守了我的一生。耶穌愛我。耶穌愛我，這就是保守我一生的秘訣。這就是正在發生的一切。我就是耶穌所愛的門徒。

對於一個對耶穌認識至深、遠超過世上所有的人來說，什麼是最有權力的神學著作、最根本的核心，或者是震動人心的真理呢？答案就在一首兒童詩歌裡面：「耶穌愛我，我知道!」

彼得的見證

聖經中只記載了彼得兩封簡短的書信，但他的名字在新約中提到的頻率跟保羅差不多。在十二使徒中，彼得是大家公認在耶穌被釘十字架和復活後最有影響力的領袖，他是早期教會歷史至關重要的人物。

從彼得的角度來查考有關神的愛，我們需要從彼得和耶穌之間的關係來著手。從彼得受門徒訓練時的記錄可以見證他是一個極不穩定的人：彼得曾在水面上行走；耶穌曾斥責彼得為撒旦；彼得是唯一得到耶穌是彌賽亞的啟示，並宣告耶穌是彌賽亞；彼得曾三次不認耶穌。在記載中顯示了彼得就是一個真真實實的人，一個生命中起起伏伏並與神同行的人。

彼得也讓我們看到了耶穌對於所有背叛祂的人所懷之內心。我們知道彼得直接從天父那裡領受了不同尋常的啟示，我們也知道他是耶穌最親密的使徒之一。然而，就是這一個被耶穌稱為「磐石」的彼得，在他的主最需要的時刻，不但離開了祂（像其他的門徒一樣），並且作假見證否認彌賽亞。看看在馬太福音中如何記載了彼得的背叛：

> 彼得在眾人面前卻不承認，說：「我不知道你說的是什麼。」（太 26：70）

> 彼得又不承認，並且起誓說：「我不認得那個人。」（太 26：72）

> 彼得就發咒起誓地說：「我不認得那個人。」（太 26：74）

這一定給彼得留下了很深的創傷。我猜想當時他是否意識到了自己正在跌倒，他的靈魂也必定承受著巨大的壓力。想起路加福音 22 章中的幾節經文就讓人感到心痛：

> 主轉過身來看彼得，彼得便想起主對他所說的話：「今日雞叫以先，你要三次不認我。」他就出去痛哭。 （路 22：61-62）

時間在背叛與復和之間消逝，彼得必須忍受他自己和他所做的事情。當耶穌被鞭打、被釘十字架的時候，我相信彼得會想起他否認耶穌的那一幕。即使當耶穌從死裡復活，甚至之後的每一日，他都會想起他否認耶穌的那一幕，直到耶穌醫治了他心靈裡的裂痕。

如果你是彼得，你的感受會如何？你吹噓說從不會離開你的主，會永遠和祂在一起，一直到死。然後反過來你就做了你曾發誓肯定不會做的事。當耶穌轉過頭來看他的時候，他的心又有何感受呢？在接下來幾天，彼得經歷到的是痛苦、沮喪、甚至厭惡自己。值得感恩的是，這並不是故事的結束，讓我們看看約翰福音裡這個故事的結局。

> 他們吃完了早飯，耶穌對西門彼得說：「約翰的兒子西門，你愛我比這些更深嗎？」彼得說：「主啊，是的，你知道我愛你。」 耶穌對他說：「你餵養我的小羊。」耶穌第二次又對他說：「約翰的兒子西門，你愛我嗎？」彼得說：「主啊，是的，你知道我愛你。」 耶穌說：「你牧羊我的羊。」第三次又對他說：「約翰的兒子西門，你愛我嗎？」彼得因為耶穌第三次對他說：「你愛我嗎，就憂愁，對耶穌說：「主啊，你是無所不知的，你知道我愛你。」」耶穌說：「你餵養我的羊。」 （約 21：15-17）

有人認為這段經文顯示了耶穌用一種更進一步的方式把彼得帶入了自我的盡頭，這元素當然很有可能存在。經文裡說，當耶穌第三次問彼得是否愛他的時候，彼得很憂愁。但是，耶穌顯然是要讓彼得恢復與祂的關係，並再次肯定了彼得的呼召和命定。耶穌正在詢問

彼得，其實他知道這些問題的答案。祂這樣問是為了祂自己的緣故，還是為了彼得的緣故呢？或許，彼得需要聽見他自己親口說出的答案；或許，他需要意識到自己真的很愛耶穌；也或許，他需要確信他生命裡面的那個磐石，那個磐石可以讓他繼續服事耶穌。從這一點來看，彌賽亞不是在故意粉碎彼得，祂溫柔的、堅定的把彼得帶回到了祂的面前。主肯定了彼得的呼召，祂再一次讓彼得相信他仍然有很重要的任務要完成。耶穌毅然的把以前所發生的事情成為了過去，並且呼召彼得要面向未來，祂完全修復了這一顆破碎、痛苦的心靈。

彼得在以後的餘生中，他從來沒有忘記過這次的經歷。否認耶穌之後的彼得，仍然被稱為使徒，他仍然屬於耶穌並繼續服侍。他沒有被耶穌棄絕，也沒有被耶穌貶低到毫無用處。復活的彌賽亞帶著極大的愛把彼得從劣跡的深淵帶到了奇妙的高處。這是何等不同尋常的一次經歷啊！

耶穌講到一個有關饒恕的比喻，這個比喻和彼得的經歷有關：

> 耶穌說：「一個債主有兩個人欠他的債，一個欠五十兩銀子，一個欠五兩銀子，因為他們無力償還，債主就開恩免了他們兩個人的債。這兩個人哪一個更愛他呢？」西門回答說：「我想是那多得恩免的人。」耶穌說：「你斷的不錯。」（路 7：41-43）

被免了這麼大的債，彼得一定會更深深的愛耶穌。不容置疑，他一定非常感激耶穌的愛，那愛是那樣的奇妙，富有饒恕和憐憫，充滿了接納。事實上，那愛是那麼的深，以至於它成為了彼得後來生命和事奉的根基。如果沒有耶穌的愛，也許彼得的故事會以重拾打魚職業而告終。如果沒有耶穌饒恕的愛做榜樣，如果沒有對彼得重新的呼召，彼得還會奉他主的名繼續侍奉嗎？要了解彼得對神的愛所持的觀點，我們一定要從彼得的背叛和歸回的角度來看。如果說有人明白醫治，饒恕，復甦，神接納的大愛，那這個人一定非彼得莫屬。

彼得的著作

彼得所寫的書信怎麼樣呢？對於神的愛他告訴了我們些什麼？與約翰的書信相對照，「神的愛」在彼得的書信裡只特別的提到了幾次。然而，彼得的寫作裡充分的顯明他了解神的愛是一切的根基。

彼得所寫的一個重要主題是神和祂子民之間的盟約，在希伯來聖經裡可以看到這一點。彼得的寫作大量依靠舊約，他談到了有關我們藉著耶穌基督與神之間的關係，這和舊約作者所記載的如出一轍。有時，彼得還引用律法書和先知書，為什麼彼得要如此大量的依賴舊約呢？

首先，彼得是一個猶太人，彼得對救贖的看法受神聖的希伯來聖經的影響，即是以色列歷史的記錄，尤其的來說是出埃及記的記錄。每個猶太家庭都記的並慶祝出埃及（出 12：14），彼得小的時候就非常精通這段歷史。作為一個孩子，這段故事他聽了一遍又一遍。後來，當他有了自己的家庭，他將復述這段故事，難怪這就形成了彼得對有關救贖的理解。

不止這些，同時，彼得寫作的時候有一個目的，他要強調一個重點。他想要我們明白一件事，就是奇妙的神為我們所成就的、為我們所存留的、以及祂的心對我們所懷的意念。出埃及記是一個家傳戶曉的故事，它在以色列人中被確立為神聖的歷史。這歷史為彼得提供了一個啟示性的範例，彼得並從中提取許多例證。

讓我們來思考一下出埃及記在彼得的書信裡代表什麼樣含義。首先，出埃及是在講一個關於救贖的故事，它向我們啟示了神如何在個人和群體生命中動工。出埃及記雖然是以色列人的歷史，但是它向整個人類顯示了神的計劃，它也啟示了神對你個人的計劃。雖然彼得沒有在他的書信裡詳細的提示神的愛，無疑，神的愛在祂救贖以色列出埃及中表露無遺。

救贖：神親自介入

我們可能很容易把以下的概念認為是理所當然的，但至關重要的是，一定要記住神親自投身在救贖的過程中。

讓我們來看一下神在出埃及 3 章 7 至 8 節中向摩西所說的，注意神是如何親自參與此事：

> 耶和華說：「我的百姓在埃及所受的困苦，我實在看見了；他們因受督工的轄制所發的哀聲，我也聽見了。我原知道他們的痛苦。我下來是要救他們脫離埃及人的手，領他們出了那地，到美好寬闊留奶與蜜之地。」

「我實在看見了」——不是「我聽了一個關於他們受苦的報告」，是神自己看見了以色列百姓的困苦。

「我的百姓在埃及所受的困苦」——不是「一個受壓迫的民族，我非常恨惡民族性的壓迫」，這裡說是「我的百姓」，這些百姓是屬於神的。

「我也聽見了，……我原知道」神親自的回應他們的呼求的拯救他們。

「我下來……要救……領他們出來」，神親自來成就祂為他們的美好計劃——「領他們出了那地到美好寬闊之地」。這個地方就是神的「聖地」，這地是祂揀選的居所，是屬於祂的土地。 （出 15：13）

這裡神親自地介入跟彼得前書 1 章 3 節 的記載一樣：

> 願頌讚歸與我們主耶穌基督的父神。他曾照自己的大憐憫，藉耶穌基督從死裡復活，重生了我們，叫我們有活潑的盼望。

就如神親自救贖以色列，神也親自藉著他兒子來救贖我們，我們應該深刻地、親自來接受這救贖。神帶領以色列進入祂的居所，同樣神也帶領我們與祂團契，從今直到永遠。

讓我們更深一步來看神親自投入於我們的救贖。

以色列的神為祂的百姓提供了關於第一個逾越節詳細的指示，這個計劃對大家庭和小家庭都是一樣的。如果要想拯救每一家的長子，如果想讓神保守一個家庭，首要條件就是：一歲無殘疾羔羊的血。

就如以色列一樣，我們都需要被救贖，我們也需要羔羊之血。自私、罪、世界和撒旦轄制了我們，贖罪祭對我們來說是必要的，唯有耶穌的血才能成為我們罪的贖價。

> 知道你們得贖、脫去你們祖宗所傳流虛妄的行為，不是憑著能壞的金銀等物，乃是憑著基督的寶血，如同無瑕疵，無玷污的羔羊之血。 （彼前 1：18-19）

救贖：昂貴的代價

彼得宣稱耶穌的血是「寶貴的」（彼前 1：19），這很重要。請想一想，我們對造物主的價值反映在祂所付出的贖價上——羔羊的寶血，祂獨生愛子的血。神是如此愛你，以至於祂獻上祂的獨生子作為你罪的贖價，耶穌的血無與倫比，這極為寶貴的贖價，表明了我們在神眼裡絕對的價值，我們負債的程度以及神拯救我們的決心。

只有耶穌寶血的價值才夠贖回我們。詩篇 49 篇 7 至 8 節告訴我們：「一個也無法贖自己的弟兄，也不能替他將贖價給神，因為贖他生命的價值極貴，只可永遠罷休。」耶穌的寶血是唯一有價值的贖價。當我們理解這一點的時候，我們便可以正確的看待彌賽亞寶血的價值。當我們明白神所付出的，我們要感激神給予我們的價值。我再說，這非凡的代價表明了我們在神心中的極高價值。

付這麼大的代價，難道祂不怕受騙嗎？祂付出這麼高的代價只為一文不值的人嗎？或許在我們看來是「不值得」。然而，在此實例中，信心戰勝理性。我們必須放下自我，並且認識到我們對天父來說是寶貴的。有多寶貴？神愛子的血有多寶貴，我們就有多寶貴！

救贖：真正的理由

鑑於神親自參與我們的救贖計劃，讓我們來問彼得一個問題：「彼得，耶穌為何為我而死？」注意他的回答：

因基督也曾一次為罪受苦，就是義的代替不義的，為要引我
們到神面前。 （彼前 3：18 上）

祂為何而死？因為祂討厭你？因為祂不在乎？不是，耶穌愛你，無
論祂在哪裡，祂都想你和祂在一起，耶穌在天父的裡面，天父住在
哪裡，祂也住在哪裡。耶穌捨棄生命是為了把你帶到神那裡；彌賽
亞為你贖罪是為了讓你住在神裡面；祂死是為要帶領你到天父面
前。

又一次，彼得將他的讀者引到出埃及事件，他使用的文字跟描述以
色列人被救贖出埃及時用的文字一樣。

耶和華這樣說，「容我的百姓去，好侍奉我。」 （出 8：1
下）

你憑慈愛領了你所贖的百姓；你憑能力引他們到了你的聖
所。 （出 15：13）

你要將他們領進去，栽於你產業的山上。耶和華啊，就是你
為自己所造的住處；主啊，就是你手所建立的聖所。 （出
15：17）

但耶和華你們的神從你們各支派中，選擇何處為立他名的居
所，你們就當往那裡去求問。 （申 12：5）

從以色列歷史的開始就暗示了神渴望人居住在祂中。救贖的目的和
賜給以色列居住地都是為了讓他們能與神同居並以神為他們生活的
中心。神拯救以色列人，並帶領他們進入祂為他們所揀選的居住
地。根據彼得的記載，我們應該接受神拯救以色列的歷史作為我們
救恩的雛形，這就是神的心意，這就是為什麼耶穌為我們而死；祂
死是為了帶領我們進到神那裡。為什麼？因為這是神的心意，是神
對我們的愛。這就是彼得所傳的福音。

本章總結

當我們看約翰談論神的愛時，我們發現約翰欣然的、深深的接受了神的愛。神的愛塑造了他的生命；也就是說他的生命跟耶穌對他的愛是不能分開的，這是一個住在耶穌愛裡的深刻榜樣。我們很容易看出，對約翰來說，認識神的愛是他實際生活以及和神之間關係的重要環節。他的寫作裡充滿了神的愛，目的是在傳遞神愛的信息。

我們知道耶穌的愛塑造了彼得和祂之間的關係。在彼得否認彌賽亞之後，耶穌恢復了他。所以，耶穌的接納、饒恕和恢復在彼得的生命中留下標記，同樣在西門巴約拿身上看到了神堅定不移的愛。彼得對救贖的理解主要集中於出埃及記，出埃及記裡清晰地顯示了神對以色列的愛。對彼得來說，我們也被慈愛的神「帶領出來」；對彼得來說，神的愛深深的交織在我們蒙救贖的故事中。

從上面兩個人的經歷中，我們再次感到神的愛應該成為信徒生命的中心。救贖的故事、神的饒恕、耶穌在十字架上的犧牲都把我們帶向神的愛。

思考

神是不是愛某些人更多過其他人？是的！是不是神愛每一個人？是的！

想像一下，一排整整齊齊的玻璃杯，每一個都準備好了去「接受」，但是其中有一些已經是滿的，現在，再想像一下有取之不竭，勢不可擋的愛正在等候倒入這些器皿當中。這愛已經開始傾倒了，但是有些器皿接受得比其它的多；有些器皿已經滿了，凡倒進去的都溢了出來；有些器皿不太滿，只有少量的器皿是空的。

如果將神的愛倒入這些器皿中，哪些是已經滿的？哪些正在接受？哪些拒絕？是不是倒入每個器皿的愛都是一樣的？是的。是不是每個器皿接受的都是一樣的？不是的。

現在，假設神的愛不是「靜止的」，而是充滿活力，是了解、找尋、互動、營救並培育的愛，試想如果是這樣的一種愛被倒出的話，那麼，是不是有些器皿比其他器皿更多的「被愛」？當然，如果「愛」是一個有活力的動詞、能相互影響的話，我想答案是肯定的。但是，每個器皿都能獲得同等份量的愛，每一個杯子都在神不斷湧流的關心和憐憫之下。

你是哪一類型的器皿呢？打開你的器皿接受吧！

1. 在本章中，你學到了什麼最重要的真理？

2. 根據我們所學的內容，認識神的愛是不是信徒生命的根基？為什麼？

3. 請閱讀出埃及記 19 章 4 節

    我向埃及人所行的事，你們都看見了，且看見我如鷹將你們背在翅膀上，帶來歸我。

神救贖以色列確切的動機是什麼？這可不可以解釋神在你生命中的動機呢？

4. 從聖經裡，我們看到約翰認識神對他的愛是獨特的，沒有其他的門徒或使徒像約翰一樣描述自己，有人認為約翰跟耶穌之間的關係是其他人所經歷不到的。你認為你會跟耶穌建立起這種關係嗎？為什麼？是否有經文支持你的看法呢？

5. 在本章中，你最掙扎的是哪部分？花更多的時間來研讀這方面的經文，並在禱告中交託。

6. 請用自已的文字解釋彼得前書 3 章 18 節，並以此作為個人的提醒及禱告：

    因基督也曾一次為罪受苦，就是義的代替不義的，為要引我們到神面前。

第三章　　保羅的模範

並且我如今在肉身活著，是因信神的兒子而活，
他是愛我，為我捨己。　（加 2：20）

我們查考了十二使徒中兩位使徒的觀點，現在我們來看一位重要新約的作者——保羅，下面是保羅有生以來第一次聽到耶穌的聲音，

掃羅，掃羅，你為什麼逼迫我（徒 9：4 下）

當保羅和耶穌相遇的時候，榮耀的人子強烈的認同當時的信徒。保羅那時正逼迫教會（加 1：13），主向他顯現的時候告訴他，事實上他是在逼迫彌賽亞，也就是主耶穌自己（徒 22：7）。是「神榮耀所發的光輝，神本體的真像」（來 1：3 上）面對了保羅，向保羅宣告了祂對教會的關注，逼迫了教會就是逼迫耶穌了。

耶穌也表現出自己對保羅的關心，祂介入保羅的人生軌道，阻止他繼續犯罪，並馬上給了他新的引導。當保羅順服了這一切的引導，他就得到一個啟示，就是把以色列的神傳向外邦人。

從帖前 1 章 6 至 7 節我們可以看到，所有的信徒都要成為別人的榜樣，保羅在他自己身上看到它的確實性。例如，帖後 3 章 7 至 9 節保羅說：

你們自己原知道應當怎樣效法我們。因為我們在你們中間，未嘗不按規矩而行，也未嘗白吃人的飯，倒是辛苦勞碌，晝

> 夜做工，免得叫你們一人受累。這並不是因我們沒有權柄，
> 乃是要給你們作榜樣，叫你們效法我們。

正像上古先賢們一樣，保羅自己也身體力行，給他的門徒樹立榜
樣。閱讀腓立比書 4 章 9 節：

> 你們在我身上所學習的，所領受的，所聽見的，這些事你們
> 都要去行，賜平安的神就必與你們同在。

保羅清楚的明白，他的生活就是信徒們的榜樣。我們來查看幾節經
文：

> 然而，我蒙了憐憫，是因耶穌基督要在我這罪魁身上顯明祂
> 一切的忍耐，給後來信祂得永生的人作榜樣。 （提前 1：
> 16）

> 弟兄們，你們要一同效法我，也當留意看那些照我們榜樣行
> 的人。 （腓 3:17）

保羅帶著神給他設立的榜樣服事外邦的教會，也就是説，他的見證
對全世的教會至關重要。

我們知道心裡所充滿的，口裡就説出來（路 6：45）。同樣，人的
行為取決於其內在本質。我們要注意看一看保羅內在的生命。他是
如何看待他和耶穌的關係？關於神的愛，保羅在加拉太書 2 章 20 節
節作了他的個人見證——「神的兒子，他是愛我，為我捨己」。

注意，保羅把這份愛充分的個人化了，他完全認識並擁抱了神的
愛。他講到耶穌的挽回祭時，好像他就是中心，好像耶穌的死就單
單是為了保羅自己。根據聖經的記載我們知道，耶穌在地上服事期
間，那時候保羅不在其中，如果耶穌認識並愛保羅的話，那麼耶穌
也認識你、愛你；如果保羅能夠認識神的愛，那麼你也能。他的確
認識神的愛，這無疑也是他對救贖認知的一部分。認識耶穌的愛，

是保羅為我們立下的一個很重要的榜樣和模範，我們應該接受這個榜樣，用心去效法。讓我們遵照這藍圖來建造我們的生命吧。

客觀和主觀地去認識神的愛

在保羅的寫作中，他從多方面向我們闡述關於認識神的愛。對保羅來說，這種愛不僅僅是記在書本上的一些信息而已，它是經過證實的絕對性真理，是信徒持續不斷的經歷，也是我們信心與行動的根基。

我們可以使用「客觀的愛」和「主觀的愛」這兩個觀點幫助我們來探討關於保羅寫作中的神愛主題 。客觀的愛就是建立在事實之上的愛，是可見的，並可以明確地得到證實。客觀的愛不是透過屬靈的感官來辨認，而是通過經文的記載和見證。這是一個基礎形式的愛，不管你是否感覺得到。這種愛有聖經作依據，然後憑信心來接受。這憑信心得到的確據會影響我們的情感，但是從這種信心和其帶來的結果是不同於直觀性地經歷聖經所見證的愛。羅馬書 5 章 6 至 8 節展示了這種客觀的愛：

> 因我們還軟弱的時候，基督就按所定的日期為罪人死，為義人死，是少有的；為仁人死，或者有敢作的，惟有基督在我們還作罪人的時候為我們死，神的愛就在此向我們顯明了。

另外一個觀點是主觀的愛。我們平心的知道這種愛是存在的，同時聖靈又讓這愛在我們屬靈的感覺上變得真實。保羅提到我們有能力去得到屬靈的經歷，在以弗所書 1 章 18 節，他禱告說「照明」信徒「心中的眼睛，使你們知道……」。主觀的愛是透過屬靈經歷來認識神的愛，在保羅的寫作裡非常突顯這種愛。聖經裡最早講到主觀的愛是在羅馬書 5 章 1 至 5 節：

> 我們既因信稱義，就藉著我們的主耶穌基督得與神相和。我們又藉著他，因信得進入現在所站的這恩典中，並且歡歡喜喜盼望神的榮耀。不但如此，就是在患難中也是歡歡喜喜的。因為知道患難生忍耐，忍耐生老練，老練生盼望，盼望

不至於羞恥；因為所賜給我們的聖靈將神的愛澆灌在我們心
裡。

從保羅的寫作中可以發現，我們需要從客觀和主觀兩個方面來認識
神的愛。這種認識需要信心。我們的信心是基於證據和事實，信心
就是你的心要和客觀證據一致。信心為主觀地經歷神的愛開啟了一
扇門，「到神面前來的人，必須信有神，且信他賞賜那尋求他的
人」（來 11：6）這跟約翰在約翰一書 4 章 16 節中說的相似，「神
愛我們的心，我們也知道，也信」。

掌握客觀性的基本內涵是十分重要的，但這不能僅是在頭腦裡的知
識。客觀性的知識不會違背主觀性的認識。神的愛這信息應得到無
比的榮耀。十字架展示了神愛的真理，這是最寶貴的，我們必須看
重。客觀啟示是個穩固的基礎而且是進入屬靈真理的門徑。羅馬書
5 章 1 至 11 節 代表著保羅已經走進了神的愛，在那段經文裡，我
們得到了如何可以主觀性的經歷神的愛、客觀性的認識神愛的教
導，並認識從這份愛所導致的使徒心路。

讓我們再看一下這些要點。羅馬書 5 章 1 至 5 節中，保羅寫到關於
認識神愛的經歷：「因為神所賜給我們的聖靈將神的愛澆灌在我們
心裡。」他見證的是一個經歷，而不只是一個感知數據性的回憶。
他指出每一個信徒與神的屬靈邂逅都有其共通性，這就是保羅所理
解的：經歷神的愛就是住在神的愛裡。

為了增強主觀的經歷，保羅激勵他們要以客觀的愛為基礎：

> 因我們還軟弱的時候，基督就按所定的日期為罪人死，為義
> 人死，是少有的；為仁人死，或者有敢作的，惟有基督在我
> 們還作罪人的時候為我們死，神的愛就在此向我們顯明了。
> （羅 5：6-8）

這是一個特別的說明。信徒應該客觀的來思考耶穌愛的特性。耶穌
有多愛你？記得在彼得前書 3 章 18 節告訴我們彌賽亞死了，是為

了「將我們帶到神面前」，因此，我們可以這樣問：神渴望帶我們回到祂那裡的程度到底有多少？

> 惟有基督在我們還作罪人的時候為我們死，神的愛就在此向我們顯明了。 （羅 5：8）

羅馬書 5 章 8 節中的「顯明」一詞的意思是用一種類似的事去證明某特定的事。 （在 Thayer's 希臘文詞典這樣定義 sunistemi（顯明）——以組合或合併的方式，以組合或比較的方式來教導，因此意思是說，去顯示、證明、建立、展示。 Louw 和 Nida 的定義是這樣的：透過行動使人知道、去證明）。這種「顯明」（證實）在科學和數學的科目裡面是可以看得到的，它和「證明」這個詞很接近。

藉著道成肉身，神證實了祂渴望得到你，願意為你死。神的愛完全地流露在十字架上，這可以幫助你明白祂愛你到底有多深。沒有人願意為一些無價值的東西去死。祂的死就是祂渴望我們、愛我們的憑據。這巨大的愛是明顯而易見的。正如保羅，我們需要使用我們的信心使我們跟保羅一起持續不斷地住在神的愛裡 。

讓我們來認識並應用下面的模式：保羅首先提醒羅馬人關於他們共有的經歷——祂的愛澆灌在你們心裡；然後，保羅讓他們回想客觀證據——耶穌在加略山上證明了祂對你的愛。這提醒我們如果要持續經歷神的愛，就必須啟動我們的信心。如果使用這個方式，我們就能學會如何住在主的愛裡，你完全能夠並且應該住在主的愛裡！

啟示性推論

這是非常明顯的，神要你知道祂愛你到底有多深。記住，祂願意付代價來救贖你，這就是你在神眼中的價值，創造主所付的代價證實了你的價值。根據這段經文所描述的「我們以前與神為敵」的事實我們可以思考神愛的廣闊。

保羅從主觀經歷進入客觀證據。這位使徒將信徒們以前的心中情
緒，帶領他們了解所發生的事實。然後他鼓勵信徒們以證據來推
測，藉以行使他們的信心。

> 現在我們既靠著祂的血稱義，就更要藉著祂免去神的忿怒。
> 因為我們作仇敵的時候，且藉著神兒子的死，得與神和好；
> 既已和好，就更要因祂的生得救了。不但如此，我們既藉著
> 我主耶穌基督得與神和好，也就藉著祂以神為樂。（羅 5：
> 9-11）

這段經文裡包含著極為謹慎的結論。在回想了他們的經歷以及神愛
的客觀證明之後，保羅沉浸的使用了「聖潔的思想」從結論引出推
論。 聖潔的思想是住在神愛裡的一部分。它是「證實」你的思維和
想像的一部分。你的思想（觀點）會影響到你的心。這些由信心所
產生的信仰會致使我們對神勇敢及堅定的信靠，並使我們自然的結
出服從神的果子。下面是一個使徒式推論的例子：

> 因為我們作仇敵的時候，且藉著神兒子的死，得與神和好；
> 既已和好……（羅 5：10）

保羅在思考這愛的時候，推出了一些邏輯性結論。我們要學效保
羅。我們要思考主觀和客觀證據，並勇敢地推出結論。有了從信仰
得到的真理，我們應該鍛練信心並按照我們所信的付諸於行動 。

讓你的思想符合客觀的真理是一個住在神愛裡的必須過程。這叫做
「 符合真理的思想」，也被稱為「心意更新而變化」（約 8：31-
32，羅 12：2）。神的話，我們接受、禱告、思想、同意、最後應
用。（雅 1：21-22）

保羅不斷地使用這種模式，他經常會冒出一些「聖潔的觀點和想
法」，比如說「他暫時離開祂，或者是叫你永遠得著祂」（門
15）。保羅在這裡用了「或者」一詞，好像是在說「誰知道呢，或
許事情的發生，是因為某個特定的原因。」保羅的思考方式鼓勵我
們謹慎推論，這推論要建基於神是如何啟示祂自己。我們不能自以

為是地宣稱我們確切地知道萬事發生的原因，就算是有關先知啟示這一點上，我們也必須接受事實並承認「我們現在所知道有限，先知所講的也有限」（林前 13：9）。即使這是真的，神也要我們透過在聖經里使徒例子的真實記載，把這神聖的、充滿信心的推論告訴並分享給其他人。

仔細看，下面是一個很好的例子，跟我們所談論的很相關：

> 既是這樣，還有什麼說的呢？神若幫助我們，誰能抵擋我們呢？神既不愛惜自己的兒子為我們眾人捨了，豈不也把萬物和祂一同白白地賜給我們嗎？ （羅 8：31-32）

多麼好的結論！我很高興看到聖經裡有這樣的結論。讓我們再來回味一下這聖潔的觀點：「神既不愛惜自己的兒子為我們眾人捨了，豈不也把萬物和祂一同白白地賜給我們嗎？」

聖潔的觀點（思想）是建立於啟示為基礎的。啟示的真理是經由聖靈來加強其合理性。這種思維模式不會減損神的話語，反而起到了增強的作用。

> 耶穌對他說：「你要盡心，盡性，盡意，愛主你的神」（太 22：37）

顯然，思想（盡意）是我們愛神的一個重要官能。我們的思想不能凌駕於神的話語之上、不能自我論斷神的話語，或是專門只挑選自己信得過的話，從而被驕傲的靈所濫用。相反，當我們試圖要明白神話語的時候，我們需要首先同意並接受它們。我們要進入這聖潔的思想。我們需要思考：我們不但要用我們全心去愛神，同時也要用我們全意（思想）。同樣，我們不但用我們的全心去接受神的愛，我們的思想也是接受三位一體神愛的一個工具。下面是另外一個神聖信仰的例子：

> 如經上所記，「我們為你的緣故終日被殺，人看我們如將宰的羊。然而靠著愛我們的主，在這一切的事上已經得勝有餘

了，因為我深信無論是死，是生，是天使，是掌權的，是有能的，是現在的事，是將來的事，是高處的，是低處的，是別的受造之物，都不能叫我們與神的愛隔絕，這愛是在我們的主基督耶穌裡的。」（羅 8：36-39）

保羅寫道「我深信」。你信嗎？保羅因加略山而信服，因為加略山是神愛的憑據。他深信是因為他有著接受聖靈澆灌的經歷。我們當竭力從主觀和客觀兩方面來體認神的愛，並要藉著我們所知道的和我們的經歷來追求與明白生命的意義。這些經歷將是一個跳板，可讓我們實際的向其他的人彰顯神的愛。

本章總結

保羅給我們立下了一個很絕出的服事基督身體（教會）的榜樣。這位使徒不但親身的接受了神的愛，而且還留給我們他如何與神的愛相連接。保羅教導我們要接受並擁抱神客觀的愛，並且要相信從十字架上所發出的信息。他也讓我們明白主觀性的經歷神的愛才是準則，換句話說，他鼓勵信心要建立在證據（憑據）的基礎上，這證據將會為我們經歷神的愛打開一扇門；他還解釋說主觀性的經歷神的愛必須要以聖經中客觀的啟示為依據，特別是關於加略山。再者，就如羅馬書 5：10 節中所提到的「豈不更……」，當保羅從神愛的經歷和見證中得到一個充滿信心的結論時，就在聖潔的思想（觀點）上為我們立下了榜樣。保羅的著作邀請我們去效法他的榜樣，竭力去認識這愛，以信心來肯定這愛，接受這愛所指導的經歷，思考這愛所產生的影響，並讓這愛來塑造我們生命的價值觀。

思考

> 惟有基督在我們還作罪人的時候為我們死,神的愛就在此向
> 我們顯明了。 (羅 5:8)

榮耀的神親自顯明了,祂的榮耀照射著成千上萬的天使,並享受著
他們莊嚴的敬拜。當這些天使向人們顯現的時候,由於這些天使是
那樣的榮耀,以致於人們開始敬拜他們。他們拒絕並且訓斥來自人
的敬拜。這些天使敬拜榮耀的神——這就是有著愛和謙卑的耶穌基
督。

經過釘十字架,「愛」的永恆光芒掩蓋了祂的死;藉著耶穌的死,
神提供了使死成為「不死」的途徑。在道成肉身的頂峰,全能者超
越過死亡。當祂獻出了自己最後的生命,彌賽亞終止了自己的全
能。多麼高尚的工作!多麼偉大的軟弱!無限的愛傾倒出來,飽滿
了似乎無法滿足的需要:對人完全的饒恕,並恢復了與人隔離的關
係。神在耶穌裡面,顯明了這一切。

所以,祂愛我們的程度到底有多少?祂甘心樂意地來拯救我們,這
愛有多長?祂渴望我們回到他身邊,這愛有多深?有比這位創造主
更高到愛?來尋求這滿有能力的恩典吧,來緊緊掌握神的愛!

1. 在本章,你學到的最重要的真理是什麼?

2. 關於認識神的愛,保羅是怎樣理解的?從三個方面來列舉。

3. 關於神的愛,你最喜歡哪節經文?

4. 你有沒有主觀性的經歷過神的愛?如果有,請描述你的經
   歷;如果沒有,你是否想要接受這樣的經歷?如果不想,為
   什麼?

5. 請讀腓利比書 4：8：

> 弟兄們，我還有未盡的話：凡是真實的、可敬的、公義的、清潔的、可愛的、有美名的、若有什麼德行，若有什麼稱讚，這些事你們都要思念。

你如何使用聖潔的思想（觀點）來幫助你履行這節經文？

6. 本章裡，你最掙扎的是什麼？花更多時間來學習有關這個主題的經文，並以禱告交託。

7. 請用自已的文字解釋加拉太書 2 章 20 節下，並以此作為個人的提醒及禱告：

> 並且我如今在肉身活著，是因信神的兒子而活，他是愛我，為我捨己。

第四章　　明白神的愛

能以和眾聖徒一同明白基督的愛是何等常闊高深。 （弗 3：18）

前面三章為我們奠定了一個根基：就是明白神的愛在每個信徒生命中是何等的重要。讓我們來回顧一下前面三章的重點：在耶穌的生命裡、在祂的誡命裡、在約翰、彼得和保羅的生命裡，我們都看到了神的愛，我們看見神的愛成為使徒們生命的根基，他們親身的感受了神的愛，神的愛促使他們思考，神的愛促使他們將這個信息傳遞給他人。如果我們以新約的角度來看神的愛在信徒生命中的價值，我們肯定可用意義重大這個詞來形容。親身的感受神的愛是我們與神建立關係的很重要的一部分。認識神的愛應該成為一種持續不斷的經歷，我們必須深切地、親自去接受祂的愛，這也是神的命令。我們要知悉客觀的証據，並且將信心建立在神的話語之上，我們需要被聖靈帶領去明白這種愛。新約讓我們認識到，在我們與神同行的時候，神的愛扮演著很特殊的角色。

以弗所書第三章：很重要的一章
我們知道我們的生活要不斷的去意識神的愛，那現在我們需要回答一個很切實的問題：該怎樣做？以弗所書第三章給了我們一個很大的啟發，關於神的愛，這一章是新約中最有力、 提供最多信息的一章。

在以弗所書第三章，我們通過它看到一個使徒的禱告生活。通常保羅只是告訴信徒們他在為他們祈禱，但這裡可以看到他的一些祈禱的內容。如果我們相信這個人是被聖靈所感動的，那麼我們就要注

意他是如何禱告的，以及代禱的主題，因為這種禱告中顯示了神的旨意。

此外，是因為這些禱告記載在聖經中，所以使徒的禱告很重要。我們知道聖經中的每個記載都很重要，因為聖經都是神所默示的。這是一段神所默示、使徒代禱、意義重大的經文。讓我們來注意這段經文中說發生的。

> 因此，我在父面前屈膝，(天上地上的各家都是從祂得名)，求祂按著祂豐盛的榮耀，藉著祂的靈，叫你們心裡的力量剛強起來。使基督因你們的信，住在你們心裡，叫你們的愛心有根有基，能以和眾聖徒一同明白基督的愛是何等長闊高深；並知道這愛是過於人所測度的，便叫神一切所充滿的，充滿了你們。神能照著運行在我們心裡的大力，充充足足地成就一切，超過我們所求所想的。但願祂在教會中，並在基督耶穌裡，得著榮耀，直到世世代代，永永遠遠。阿們！
> （弗 3:14-21）

深入的探討

現在讓我們來仔細查考這段經文的一些層面。

14 至 15 節：因此，我在父面前屈膝，天上地上的各家都是從祂得名。

屈膝表示不顧一切、強烈的意願。這並非一個隨隨便便的禱告，而是一個認真、熱誠的代求。保羅真的想讓神為以弗所的信徒成就一些事情，以至於他在神面前屈膝乞求。他如此強烈的在為以弗所信徒求什麼呢？

16 節：求祂按著祂豐盛的榮耀，藉著祂的靈，叫你們心裡的力量剛強起來。

保羅禱告，讓他們可以有「透過聖靈使心裡的力量剛強起」的主觀經歷。接下來又如何呢？

17 節：使基督因你們的信，住在你們心裡，叫你們的愛心有根有基，能以和眾聖徒一同明白基督的愛是何等長闊高深。

保羅的第一個目標是籍著信徒的信心讓彌賽亞住在他們的心裡；其次，是讓以弗所的信徒能在神的愛裡有根有基。我們應該明白，一旦我們被聖靈堅固的時候，耶穌就能夠不斷的深住在我們生命裡面，並從中植培及建立祂的愛。

讓我們更深一層來看這段經文的內容。為了達到目的，保羅用了兩個比喻：「有根」是指植物的生命；「有基」涉及到建築物。保羅特別喜歡這種比喻方式，在他別的書信中也曾經兩次使用以農業和建築業為組合的比喻。它們分別是：

> 在他裡面生根建造，信心堅固，正如你們所領的教訓，感謝的心也更增長了。 （西 2：7）

> 因為我們是與神同工的。你們是神所耕種的田地，所建造的房屋。 （林前 3:9）

在以弗所書 3 章 17 節，保羅的禱告是，當彌賽亞住在我們裡面的時候我們就能在耶穌的愛裡有根有基。那麼這些比喻是指向什麼呢？

神要我們於耶穌的愛裡有根

有根是什麼意思？根是植物最不被注意的部分，它們被使用，但不被看見。然而，根卻是植物結構中最重要的部分，雖然看不見，它們卻為樹提供穩定性和營養。沒有根，樹就不能站立。如果樹根部很弱，那麼樹就不可能在艱難的環境中存活；沒有根，樹也不會旺盛。除此之外，根是不斷的在生長，根是活的，它要經常突破或勝過困難的環境。決定植物大小的因素在於根能扎多深、多廣；決定植物健康的因素是取決於紮根土壤的質量。

在神愛的土壤裡有合適你生命的營養，它可以栽培你的生命、你的人際關係、以及你的人生目標。這種土壤讓聖靈之水澆灌到你生命

之根最深、最根本、最難到達的層面（賽 44：3-4）。神的愛讓你的生命之根得以堅固，能抵擋各種不良的環境；這根能為樹提供平衡和力量；在神的愛中紮根，你可以得到生命成長中所必須的東西。紮根在神愛裡是能結果子的關鍵，神呼召你要深入的紮根在祂的愛裡。

神要我們於耶穌的愛裡有基

再問一個簡單的問題，「有基」是什麼意思呢？我們來思考一下「有基」這個詞。這個詞跟建造或建立有關。它暗示著建造在某個東西上，就像建築物要建立在根基上一樣。如果建造得當，建築物就不會在其根基上搖動。根基決定了建築物的穩定性、高度和大小。每個根基的建造都要符合建築師的構想：它的形狀、大小、建築物的功能等。

神的愛是建立我們生命的根基，我們是在根基上被建造起來的。就如一座建築物一樣，這個根基是我們生命的穩定性、形狀和大小的關鍵。這個根基到底有多長、多寬、多高、多深呢？究竟什麼是神愛的長闊高深呢？你如要明白目前和永生的目的，關鍵是在看出這個根基的大小。我們的生命有一個很大的根基，它大到超乎你的理解，我們無法去測量。那個根基就是耶穌的愛，神是我們生命的建築師。（來 11：10）

這兩個比喻描述了我們明白神愛的兩個方面。「有根」是因於成長，這是一個努力的生命所產生的結果。一個強壯的根是讓你健康和穩固的基礎，健康和強壯的根決定了我們在神裡面生長的潛力。每個人都有根，但不是每個人的根都扎在神愛的土壤裡。

「有基」是來自於安息的穩定性。每個人都有依賴，但不是每個人都會安息於神的愛。

保羅禱告天父，祈求以弗所的信徒能在屬靈的戰爭中得勝並且站立得穩（弗 6：10-20）。他們能堅定不動搖是由於他們堅決的屬靈追求，這表示他們在不斷地成長。保羅鼓勵他們要站立得穩，同時靠著信心去經歷安息所帶來的成果。這兩件事情是一齊發生的。

在我們經歷及體認神的愛的同時，我們亦需要堅定地倚靠實質與客觀性的神愛。神愛的廣闊土壤，以及我們的生命的浩大根基，揭示了神對我們的永恆旨意。

> 親愛的弟兄阿，我們現在是神的兒女，將來如何，還未顯明。但我們知道主若顯現，我們必要像祂。因為必得見祂的真體。 （約一3：2）

明白神愛的關鍵

我們繼續來查考以下的經節。

18 節：能以和眾聖徒一同明白基督的愛是何等長闊高深；並知道這愛是過於人所測度的，便叫神一切所充滿的，充滿了你們。

在上一節我們注意到，聖靈堅固我們，使我們藉著信心讓彌賽亞住在我們裡面，並且我們也能在祂的愛裡有根有基。保羅繼續為這種經歷所產生的結果祈禱：明白並掌握神豐富的愛，目的是要將神的能力在我們的生命中釋出。這能讓我們了解掌握神愛的能力是神賜予的，這也是保羅為什麼為此禱告的原因。他認識到單單在神啟示下的引導還不夠，信徒還需要依賴神賜下的能力去明白神的愛。對保羅來說，最後的結論是，我們要去認識神的愛就是要完全的依靠神。

「能力」的希臘文是 exischuo，它有這樣的意思：有完全的，高超的技能去完成或經歷某些事。它表示有足夠的能力和權力去達成期望的結果，有能力去完成所要求的或內心所願的。在這節經文裡它代表了聖靈的能力，神的恩膏賜給我們這種能力。

「明白（掌握）」的希臘文是 Katalambano，它的含義是使用身體和智力兩方面很強烈、緊迫，並確定的佔有某東西。 Katalambano 表示盡力去明白那些之前無法立即理解的事情。

希臘文中的「明白，掌握」跟英語中的「頓悟」相近，就是突然理解了，就如「被啟發，被光照」，當一些事情突然變得清晰起來，

這就是「明白，掌握」的意思。藉著聖靈，天父能賜予你對難以測度的神愛一個清晰啟示。

事實上，我們的心很需要聖靈帶來的啟示。為要明白神的愛，我們是依靠神的恩膏去經歷這種能力。沒有掌握神的愛，我們就不能住在祂裡面，因為住在神裡面的前提條件就是必須明白和掌握神的愛。如果你不能明白它的話，就不可能住在祂裡面。因此，為了住在神的愛裡，我們需要神的恩膏，才可以明白祂的愛。聖靈來自於神，來自於祈禱的回應。這個能力是可以求得的。

19 節：並知道這愛是過於人能所測度的，便叫神一切所充滿的，充滿了你們。

關於 19 節，我們只能簡略地講，重要的是要知道：明白神的愛對信徒的生命來說意義重大。「充滿」（fullness）很重要！充滿像是什麼呢？耶穌是神的形像、是神的充滿和全部（fullness）（西 1：15，2：9）。耶穌在世上的生活顯明了神的全（fullness）貌。如果信徒的一切被神充滿，那麼他們會是什麼樣子呢？如果我們被神充滿，我們就會像耶穌！

在弗 1 章 23 節，保羅告訴我們教會是那充滿萬有者所充滿的。現在，我們繼續關注這處經文，這裡好像是保羅在說：「這就是你經歷的關鍵，你要明白彌賽亞的愛，這愛超越一切的知識，然後你就可以被充滿一切的神所充滿。」

這種觀點對我們來說很陌生，我們可能說：「這樣你並不能被充滿一切的神所充滿，你還應該去禁食才行。」

「不是的」另外一個說「變賣你一切所有的，然後給窮人，這樣才能被神充滿」。

但是又有一個說：「你應該成為僕人，去刷洗廁所。這樣你才能讓那充滿萬有的充滿你。」

以上各種訓練和原則都是好的，或許有些是必要的。但是，保羅是怎樣寫的呢？聖靈向保羅啟示了什麼？保羅是怎樣為這個榮耀的目標而禱告的？

> 使基督因你們的信，住在你們心裡，叫你們的愛心有根有基，能以和眾聖徒一同明白基督的愛是何等長闊高深；並知道這愛是過於人所測度的，便叫神一切所充滿的，充滿了你們。（弗 3：17-19）

當我們明白的時候，我們逐漸被最終的結果所充滿：明白神的愛會讓我們像耶穌，我們的生命將會改變成同耶穌相符的生命，將會和耶穌一樣經歷天父的愛。這是神的應許，我們的生命將會完全的被祂所充滿，我們的形像看起來就像是彌賽亞！這是一個非凡的事實，雖然我們的本能反應會告訴我們永遠不可能像耶穌，來一起看看以下幾節經文：

> 神能照著運行在我們心裡的大力，充充足足地成就一切，超過我們所求所想的。但願祂在教會中，並在基督耶穌裡，得著榮耀，直到世世代代，永永遠遠。阿們！（弗 3:19-21）

從這段頌讚使我們看到，這種愛的關係的過程所帶來的結果可以引發我們的信心。全能者有能力完成祂對於我們人生的計劃，就是讓我們變成彌賽亞的形像。祂義無反顧地成就了看起來根本不可能的事情，產出的結果遠遠超越我們的想像。在我們裡面運行的大能是神藉著聖靈分賜給我們的超自然的能力。難怪，保羅在這裡預言性的要求將榮耀，頌讚永永遠遠的歸給神。這是一個多麼偉大的目標，多麼美妙的過程，又是一位何等奇妙的神啊！

複習

保羅在以弗所書第三章中的祈禱是求聖靈澆灌在我們內在的生命裡，導致神住在我們的心裡，同時藉著聖靈的大能增強我們的生命力量。這個祈禱是讓以弗所的信徒能更加去明白耶穌在他們生命中所賜的恩典；這個禱告也指導了我們如何去掌握神愛的「方法」，那就是神賜給我們聖靈的恩膏使我們能夠明白。從經歷中認識主耶

穌的愛所帶出的結果是保羅所強調的重點，他寫出明白認識這份愛的結果是：信徒會被充滿一切的神所充滿。

聖靈介入的必要性

現在我們知道住在主裡面要先明白神的愛，而要明白神的愛需要聖靈的幫助。現在讓我們一起想想當我們接受神愛的時候聖靈所扮演的角色。

從耶穌生命的開始一直到結束我們都看到聖靈賜下能力；聖靈使彌賽亞有能力去完成他的呼召——就是祂父的旨意。在耶穌事工和順服天父的頂峰，聖靈加添彌賽亞力量，使祂可以將自己獻給神（來9：14）。如果聖靈與耶穌這樣的相互結合，那麼我們的生命對聖靈的絕對需要就不足為奇了。了解到我們的這種需要可以怎樣幫助我們理解神的愛呢？認識到我們對恩膏的需要又能怎樣的影響我們對神愛的明白呢？

讓我們再來回顧一下，耶穌引導我們要常在祂的愛裡。當祂發出這個命令時，祂即將完成祂的使命，期盼著升天坐在天父的右邊，祂不可能以肉身的形式跟門徒在一起了。然而，祂還是命令門徒們要常住在祂的愛裡。這怎麼可能呢？耶穌說：

> 我要求父，父就另外賜給你們一位保惠師，叫祂永遠與你們同在，就是真理的聖靈，乃世人不能接受的，因為不見祂，也不認識祂；你們卻認識祂，因為祂常與你們同在，也要在你們裡面。我不撇下你們為孤兒，我必到你們這裡來。（約 14：16-18）

彌賽亞告訴祂的門徒祂不會撇下他們為孤兒，而是要藉著真理的聖靈與他們同在。藉著聖靈，使徒們能常住在耶穌的愛裡。

同樣，保羅也指示信徒要注意聖靈的感動，聖靈將神的愛放進他們的心裡。

> 盼望不至於羞恥，因為所賜給我們的聖靈將神的愛澆灌在我
> 們心裡。 （羅 5：5）

像耶穌一樣，我們是通過與神的同在和聖靈的工作來經歷神的愛。
也像耶穌一樣，神呼召我們「藉著聖靈的愛」（羅 15：30b）來不
斷經歷並住在神的愛裡。我們無法高估聖靈所發揮的重要性。祂使
我們的內在生命剛強起來，藉著信心耶穌住在我們裡面。祂傳遞神
的愛。

我們經常在祂的愛裡的起因，不是因為我們有一個好頭腦，或是我
們有決心，或是殷勤地學習真理，而是聖靈賜下能力讓我們可以明
白並掌握神的愛。

這對我們來說應該是個鼓勵，當我們轉向天父的時候，祂會在我們
裡面完成這一切，我們不需要用自己的力量去挖掘神的愛到底是什
麼意義。聖靈會給我們能力明白神的愛。讓我們轉向賜給我們聖靈
的天父，求祂將聖靈澆灌在我們身上，讓我們可以明白神的愛。

> 你們雖然不好，尚且知道拿好東西給兒女，何況天父，豈不
> 更將聖靈給求他的人嗎？ （路 11：13）

既然認識神的愛是這麼重要，那我們就應該把獲得祂的愛放在第一
位。有人就擔心，如果過過度的向神求聖靈的經歷，我們會變得狂
熱、甚至被自我蒙騙。為了強調向天父求聖靈的重要性，讓我們來
看路加福音 11 章 13 節 和它的上下文：

> 我又告訴你們，你們祈求，就給你們；尋找，就尋見；叩
> 門，就給你們開門。因為，凡祈求的，就得著；尋找的，就
> 尋見；叩門的，就給他開門。你們中間作父親的，誰有兒子
> 求餅，反給他石頭呢？求魚，反拿蛇當魚給他呢？求雞蛋，
> 反給他蝎子呢？你們雖然不好，尚且知道拿好東西給兒女；
> 何況天父，豈不更將聖靈給求他的人嗎？ （路 11：9-13）

耶穌是我們的老師和榜樣，祂鼓勵我們要有信心、始終如一、堅持的去追求我們的天父要賜給我們聖靈的應許。只有藉著聖靈，我們才能夠明白耶穌對我們的愛。聖靈賜給我們這種能力是絕對必要的，因為這愛遠遠超越我們的理解。所以，在以弗所書的第三章中保羅認識到這一點，並且為此而禱告。保羅禱告的內容是什麼呢？

> 因此，我在父面前屈膝，(天上地上的各家都是從祂得名)，求他按著祂豐盛的榮耀，藉著祂的靈，叫你們心裡的力量剛強起來。使基督因你們的信，住在你們心裡，叫你們的愛心有根有基，能以和眾聖徒一同明白基督的愛是何等長闊高深；並知道這愛是過於人所測度的，便叫神一切所充滿的，充滿了你們。 （弗 3：14，16-19）

注意保羅是以一個請求來開始的，他請求籍著聖靈的澆灌給信徒們加添力量。加添力量的目的有兩個層面，為了「基督住在你們的心裡」和「你能去明白」彌賽亞的愛。我們需要聖靈給我們能力去明白耶穌有多麼地愛我們。讓我們的心與神的話聯結，並禱告藉著聖靈的恩膏可以明白這過於人所能測量的愛。

思考

你的生命應該建立在耶穌的愛上面。這根基到底有多長、多寬、多高、多深呢？這愛的長，闊，高，深到底是什麼呢？

要明白你永恆的生命關鍵是要看你的根基到達何種程度。這是一個偉大的根基，它難以測度，這就是耶穌的愛。

這個根基是完美無缺的，由我們的信心讓我們了解神的愛是可靠的，並且這信心可以持續增長。你越多靠信心去明白神的愛，你就會有越多的認識、跟隨神，並完成祂賜予的生命。

你的生命可以在這樣的根基上建造，你可以在神愛的認識和信心上有更多的增長。花一些時間來思考「神愛的長闊高深」吧。

1. 在本章中，你學到了什麼最重要的真理？

2. 「如果不能明白神的愛，就不能常在他的愛裡……如果我們不能明白的話，我們就沒有能力住在祂裡面」，這句話也可以應用在其它屬靈真理上。你是否已經有過這樣的經歷：你明白（把握）了神的愛，隨後他的愛就常住在你屬靈生命的某個領域？請描述此經歷。

3. 以弗所書第三章中的總體模式是：祈禱帶下聖靈的工作，而聖靈讓我們明白、充滿我們。你是否信任當你向神來尋求這種經歷的時候，祂會賜能力讓你明白祂的愛呢？為什麼？

4. 你是否曾經藉著聖靈以外的方式去認識神的愛、得神的讚賞和討神的喜悅呢？比如說：藉著學習、順服等。

5.　請讀約翰一書二章 27 節

你們從主所受的恩膏常存在你們心裡，並不用人教訓你們，
自有主的恩膏在凡事上教訓你們。這恩膏是真的，不是假
的，你們要按這恩膏的教訓住在主裡面。

聖靈教導我們要住在主裡面是什麼意思呢？這會如何影響你
盡自己的本分去明白神的愛呢？

第五章　　應許的果子

……並知道這愛是過於人所測度的，便叫神一切所充滿的，
充滿了你們。（弗3：19）

選擇追求認識神的愛會在我們的生命裡產生切實和屬靈的結果。讓我們來看看神的愛會結出什麼樣的果子。我們回到以弗所書 3 章 19 節來開始更深入的探究「豐滿的神（fullness of God）」這一概念。在我們詳細查考認識神的愛所帶來的好處之前，我們首先需要看一下神的最終的目標是什麼。

以弗所書裡的「充滿」（fullness）

在以弗所書信裡，「充滿」（fullness）一詞最先出現在以弗所書的 1 章 10 節中，緊接著在 1 章 23 節，3 章 19 節，以及 4 章 13 節中都出現過。我們會簡短的分析一下這三節經文，這樣我們就可以明白 3 章 19 節上下文中所提到「充滿（fullness」這個主題。我們先來看以弗所書 1 章 10 節，稍後我們會回到 3 章 19 節。

> ……要照所安排的，在日期滿足（fullness）的時候，使天上地下一切所有的，都在基督裡同歸於一……

這節講到關於時間上的滿足（fullness）。「日期滿足」是指結束、成就、完成神的計劃。它跟在彌賽亞裡所涵蓋的整個宇宙有關：就是最終成就神的救贖計劃，保羅稱那個時間為日期滿足的時候。

又將萬有服在祂的腳下，使祂為教會作萬有之首。教會是祂
的身體，是那充滿（fullness）——萬有者所充滿的。（弗
1：22-23）

後來，在同一章我們看到教會是被耶穌的生命所充滿，並且是彌賽
亞救贖計劃的焦點。教會所扮演的整個角色是體現了耶穌的存在及
祂的大能。

他所賜的有使徒，有先知，有傳福音的，有牧師和教師。為
要成全聖徒，各盡其職，建立基督的身體，直等到我們眾人
在真道上同歸於一，認識神的兒子，得以長大成人，滿有
（fullness）基督長成的身量。（弗4：11-13）

以弗所書 4 章 13 節「滿有基督……的身量（the fullness of
Christ）」，神靈的大能與大力將服侍於基督的教會直到祂再來。神
的工作最終結果是為了要讓耶穌的生命完全的彰顯在被蒙救的人身
上。「豐富（fullness）」是來自於彌賽亞耶穌，也是屬於祂的。真
誠的服事會導至彌賽亞的豐富的（fullness）生命彰顯在祂的教會。
完全（fullness）的彌賽亞就是藉著聖靈在祂的百姓中工作的神。
「靈」這一特殊詞彙在希伯來文和希臘文中以動態的形式出現，
Ruach 或 Pneuma 不是翻譯成空氣，而是翻譯為呼吸、風、靈。耶穌
的完全（fullness）在祂的教會中就是「從靈而生」的信徒，他們像
風一般被神的手推動、作神的工，不被世屬的思慮捆綁。

讓我們來看看經文：

並知道這愛是過於人所測度的，便叫神一切所充滿的，充滿
了你們（弗3：19）

在這段神所默示的代禱的結尾，我們發現保羅心裡有一個目標——
耶穌的教會被神一切所充滿的而充滿。我們現在開始討論認識耶穌
的愛給我們帶來的益處。要明白這些福氣，關健要看「神的完全」
是什麼意思。讓我們來追溯這個過程並描述「完全（fullness）」一
詞。

讓我們問保羅，「我們如何才能接受神的完全(fullness)？」在這段經文中，保羅給教會了一條具有啟發性的線索，他回答說：「經歷完全的關鍵是認識彌賽亞的愛。」認識神的愛會給我們帶來一個意想不到的結果，認識耶穌的愛會使祂的教會「被神一切所充滿（fullness）的充滿了！」

現在，很多虔誠的信徒尋求得到完全/充滿(fullness)。但是，經文裡說信徒無法靠尋求達到「完全」，而是像救恩一樣，是用接受的。在這種情況下，藉著保羅的代求和天父工作的結果，他們就可以接受「完全（fullness）」了。這個過程是這樣的：「完全（fullness）」是來自於天父，透過耶穌、籍著聖靈、是對禱告的回應。它是我們在認識彌賽亞的愛所產生的結果。

對於只要接受便可成為「完全（fullness）」的這一點，再沒有其它的經文比這節（弗 3：19）敍述的更詳細了。事實上，具體講到關於經歷神的愛這個方面，這一節就是新約中最要緊的一處經文了。根據保羅的祈禱內容，認識彌賽亞的愛就是我們得以「完全（fullness）」的關鍵。保羅為信徒們禱告使他們可以經歷這種愛，以至於最終他們也可以被「神一切所充滿（fullness）的，充滿了」。其它每一個可以讓我們能得完全（fullness）的方法或方式祇是在追求的過程中的一個輔助。這個過程本身也就是它的目的：要認識神和祂的愛。

耶穌是一幅關於神的完全和豐盛（fullness）的畫面。我們來看以下兩節經文：

> 因為父喜歡叫一切的豐盛（fullness）在祂裡面居住。（西 1：19）

> 因為神本性一切的豐盛（fullness），都有形有體的住在基督裡面。（西 2：9）

真正的「完全/豐盛（fullness）」是什麼樣子呢？耶穌完整的顯明「完全/豐盛（fullness）」的模樣。當基督的教會明白神愛的時候，

它就會進入被神的豐盛（fullness）充滿的過程。當基督的教會「被神一切所充滿的，充滿了」的時候，我們就有神的兒子的樣式了。再問一次，我們該如何被神一切的豐盛（fullness）所充滿呢？保羅為我們指出了這樣一條路：是要「藉著認識彌賽亞的愛」。神的計劃多麼奇妙啊！

> 神為愛祂的人所預備的，是眼睛未曾看見，耳朵未曾聽見，人心也未曾想到的。（林前 2：9）

我們已經看到，追求認識神的愛會在我們的生命裡釋放出神的豐盛（fullness）（弗 3：19），並讓我們的生命更像耶穌，而神的豐盛正是有形有體的住在耶穌的裡面。（西 2：9）

在我們的日常生活中，這種豐盛到底是什麼樣子呢？持守與神的關係是基於經歷了神的愛，那麼這種持守的關係會帶來什麼樣實際的果子呢？讓我們來思考關於「豐盛/完全（fullness）」的幾個方面。

認識神

認識神的愛給我們帶來的最首要的好處就是對神的認識。認識神的愛會讓我們認識神本身。我們可以肯定地說，沒有任何人會比耶穌更認識天父：

> 除了父，沒有人知道子；除了子和子願意指示的，沒有人知道父（太 11：27）

耶穌對天父的認識是如此的深切，以至於天父所做得任何事沒有一樣不跟子分享的。

> 父愛子，將自己所做的一切事指給他看，還要將比這更大的事指給他看，叫你們希奇。（約 5：20）

> 父也將「萬有」都交在耶穌的手裡（約 3：35）。

從這個經文中我們可以推斷，耶穌對天父的認識非常準確、而且完全。我們的看法常常會出錯，但耶穌從不會看錯。他對天父的認識沒有一點的扭曲。我們看到的只是部分，而耶穌看到的則是全部。祂對天父的理解和認識未有透過生活中的罪或痛苦而被扭曲。耶穌真正的認識天父。

當我們進入並深住在神的愛裡時，我們可與祂有更深入的聯誼。當我們按照神所指示的方式（「常在我的愛裡」）與祂建立關係時，我們就會增加對祂的認識。這是神所渴望的。

我們藉著耶穌住在神裡面會讓我們有意識地與神的屬性相聯接。從經文中我們了解了神的屬性，祂是美善、信實、熱心、恩慈的。這些屬性很美，很重要，但我們的主也有自己的性格。每一個信徒都應該相信，既然耶穌是百分之百的一個人，那麼祂就有性格。但是我們是否親身的接觸過祂的性格呢？還是只是「靠著信心去接受」呢？當我們認識神愛的時候，我們會接觸到祂的性格。

神不但有屬性和性格，祂還有計劃。如果你花足夠的時間和一個人在一起，你會知道他的個性，他的性格，他的夢想、和他的渴望及計劃。你會知道他目前的目標所在，並且也會熟悉他的長遠目標。那麼認識神也是如此；當你常住在彌賽亞的愛裡，你就能更好的明白祂的計劃，打算和目標。

對於認識神，我們來想一想神所應許的：「如果你花時間認識我的話，你就認識我的屬性、我的性格和我的夢想，渴望及計劃，你就能知道我的目標是什麼，我的注意力在哪裡。你就會更清楚的認識我。」你想不想經歷耶穌的屬性，性格和計劃呢？「常在我裡面，常住在我的愛裡。」

認識神是我們得豐盛和完全（fullness）的生命很重要的成分。在這方面，耶穌為我們豎立了一個極好的榜樣。

穩固的關係

明白神的愛不但讓你可以更深入的認識神，而且藉由認識祂的愛還會轉變你跟祂的關係，致使你和祂的關係建立在穩固的根基上（弗3：17）。當我們常在祂的愛裡，我們就更有安全、更加穩固。當你的生命充滿了彌賽亞的愛，你就會更有信心來依靠祂。看看耶穌在拉撒路的墳墓前是如何放膽來禱告的：

> 他們就把石頭挪開。耶穌舉目望天說：「父啊！我感謝你，因為你已經聽我；我也知道你常聽我。但我說這話，是為周圍站著的眾人，叫他們信是你差了我來。」說了這話，就大聲呼叫說：「拉撒路出來！」（約 11：41-43）

當你知道一個特別優秀的人以信實待你，你可以大膽的去信賴他。

> 我藉著你衝入敵軍，藉著我的神跳過牆垣（撒下 22：30）

> 神若幫助我們，誰能抵擋我們呢？（羅 8：31）

順服的信靠

大膽的去信賴神必會產生充滿信心的服從。認識神的愛會讓你更加的信任祂給你的生命的旨意和目地。你可以更自如的服從，完全的將自己交託在祂慈愛的保守中。

耶穌「輕看羞辱，忍受十字架的苦難」，是因為祂確信天父能履行「那擺在前面的喜樂」這應許（來 12：2）。這是一個很奇妙的事實：耶穌深信在十字架的另外一邊有喜樂在等候祂。我們有時候會經歷一些小的困難，把神的恩慈和眷顧拋諸腦後。然而耶穌面對極大的苦難，就是與神完全隔絕的時候，祂仍然有喜樂的盼望。這是極大的信任，就是面對死亡也不動搖的信心。當我們完全接受彌賽亞給我們的愛，我們也可以有這種不斷增長的信心。

感恩的回應

另一個我們所盼望和需要的好處是：真正認識神的愛會產生一個自然性的相互回應。當你接受了一份美好的愛，你就會以仁慈、愛、祝福，並且服侍你所愛的那一位。

> 我們愛，因為神先愛我們（約一 4：19）

耶穌見證說「我常做祂所喜悅的事」（約 8：29），我們可以看到耶穌基督是全心、全意、全力地討天父的喜悅。同樣，當你認識了耶穌豐盛和完全（fullness）的愛，你會付出相稱的回應。你愛是因為祂先愛了你。祂的愛引發了感恩，耶穌如火的愛也會迸發出同樣回應的火花。愛耶穌是不能運用意志力來強求的，但是當我們的心渴望回應祂的難以置信的愛的時候，我們發現這愛是很容易的。

聖潔

神的兒子為我們立了一個「豐盛/完全（fullness）」的模範，就是獻給神聖潔的祂自己。同理，在基督的身體裡（就是教會），獻給神的是聖潔的教會。認識神的愛會促使我們完全的傾向祂，這種向神的傾向會聖化我們的動機和行為：這種出自於忠誠的動機和行為會使我們在之前所經歷的那「初階段愛」變得渺小起來。這種與神以愛為根基的關係會使我們神聖的去服從祂的旨意。耶穌在客西馬尼園的祈禱就是給我們的最好的例子。

> 祂就往前走，俯伏在地，禱告說：「我父阿，倘若可行，求你叫這杯離開我；然而，不要照我的意思，只要照你的意思。」（太 26：39）

這可能是聖經上尊主為聖的最好例子：耶穌選擇祂父的旨意，而非自己的旨意，甚至於死。神的愛有沒有捕獲你的心呢？你正在回應祂對你的主動的愛嗎？回報神的愛的渴望是否已經觸動了你的心？

自由的關係

常常住在神的愛裡還有一個好處，就是可以恢復我們與神的自由關係。這種自由不是你想做什麼就做什麼，你想怎樣犯罪就怎樣犯罪

的自由，事實上，如果你真正的重生了，這些思想就會遠離你，你會在你內心深處對這些說「斷乎不可」！

這樣，怎麼說呢？我們可以仍在罪中，叫恩典顯多嗎？斷乎不可！我們在罪上死了的人豈可仍在罪中活著呢？（羅6：1-2）

這卻怎麼樣呢？我們在恩典之下，不在律法之下，就可以犯罪嗎？斷乎不可！（羅6：15）

因此，我們的自由是什麼呢？在經歷神的愛中找到的最偉大的自由就是信任你可以和神完全自由的溝通。

所以我們只管坦然無懼的來到施恩寶座前，為要得憐恤，蒙恩惠，作隨時的幫助。（來4：16）

我們坦然無懼地來到神面前跟祂溝通，在這裡，「無懼」這個詞的意思是完全的言語自由。這裡的「無懼」並不是大發脾氣；我們必須在神面前保持一顆敬畏的心。這種自由不是一張通行證，讓我們想要什麼就什麼，想說什麼就說什麼。重要的是，我們不要被「我這樣說是否合適？」如此之類的思慮所轄制。

我們再來看看耶穌在客西馬尼園裡時，祂三次禱告說「求你叫這杯離開我」，這是一個自我表露；這是神的兒子要卸去內心的重擔和壓力。這真實地展現了彌賽亞對即將臨到的羞辱和痛苦所產生的厭惡。在天父的愛裡，耶穌有足夠的信心坦率地分享祂內心的掙扎。同樣，天父也想讓我們能坦白、誠實地與祂相交。藉著認識神的愛，我們可以恢復與神之間相交的真正自由。

聽祂的聲音

我們想要虔誠的與神的溝通，就要完全信任神對你溝通的能力，同時信任祂有和你溝通的意願。神不但能對你說話，而且跟你溝通是祂真誠的渴望。你可以放心、神已經，也會持續與你說話。認識彌賽亞的愛讓我們更加信任神要與我們溝通的渴望和意願。信心是一

把重要的鑰匙，它打開我們的心門，使我們聽見神的聲音。當你信任神的愛，你就會相信祂是願意跟你溝通的。為什麼？因為祂愛你。愛是去尋求溝通和交流。這裡有一個例子，「父愛子，將自己所做的一切事指給祂看，還要將比這更大的事指給祂看，叫你們希奇。」（約 5：20）當你認識到耶穌的愛是何等的豐盛，你就會有更多自由的心去與神溝通，更密切、更容易聽見祂的聲音。

> 我的羊聽我的聲音，我也認識他們，他們也跟著我。 （約 10：27，約 10：3-5，8，16）

> 只等到真理的聖靈來了，祂要引導你們明白一切的真理，因為祂不是憑自己說的，乃是把祂所聽見的都說出來，並要把將來的事告訴你們。祂要榮耀我，因為祂要將受於我的告訴你們。 （約 16：13-14）

敬拜
認識神的愛是讚美和感恩的基石。

> 但我依靠你的慈愛，我的心因你的救恩快樂。 （詩 13：5）

當然，神的愛也是我們在患難中感恩的泉源。

> 耶和華是我的力量，是我的盾牌，我心裡依靠祂，就得幫助；所以我心中歡樂，我必用詩歌頌讚祂！ （詩 28：7）

然而，充滿喜樂的讚美不只是單單因為神為你成就了某些事，而是因為神本身和祂的成事原因是值得讚美的。認識神的愛就像進入了至聖所，你不但要知道神的作為，也要知道祂成事的方式。

> 我心裡柔和謙卑，你們當負我的軛，學我的樣式，這樣，你們心裡就必得享安息。 （太 11：29）

> 耶和華善待萬民，他的慈悲覆庇他一切所造的。 （詩 145：9）

認識彌賽亞對你偉大的愛，會讓你更親密地來敬拜祂、更深的感謝祂、更喜樂的讚美祂。

本章總結

其實，我們還可以繼續列舉更多關於認識神的愛的好處。認識神的愛影響我們生活的每個層面。保羅為我們作了總結：「被神一切所充滿的，充滿了」。耶穌就是神的充滿（fullness），祂是我們的榜樣。神充滿（fullness）在我們的生命中會讓我們更像耶穌。我們與神的關係就像耶穌跟天父的關係一樣。

當我們發現神是何等的愛我們，我們會更的依靠祂。我們會更充分的奉獻給祂我們的生命，會堅定並且聖潔的完成祂的旨意；從充滿信心的生活中去服從；讓我們恢復與天父自由的溝通，不但向天父傾心吐意，而且還聽祂的聲音；讓我們有一顆願意將自己奉獻給祂的心，正如耶穌為我們獻出了祂自己一樣。我們的心將會充滿敬拜、讚美和感恩。我們的生命也會因著認識這愛而改變，變的更像耶穌！

思考

當你越信任神是愛你的，你就越能經歷祂的愛。當你真正地明白了神的愛，你就能更正確的明白生命。為什麼？因為信心為你打開了門。

人非有信就不能得神的喜悅（來 11：6 上）。神呼召我們要靠著信心行事，如果不認識神的愛，我們怎能期盼擁有這樣的信心呢？而這種信心正是建立在與神的關係上。

如果我們不信任神對我們的愛，我們會用錯誤的見解來曲解我們生命的意義。由於那些錯誤的觀點誤導，致使我們離開了神的真愛。

如果我們信任神對我們的愛，我們會以愛為出發點來看待祂給我們的生命的安排、救贖我們的計劃；會有信心來接受神對我們的旨意；不會擔心神給我們生命所定的目標。

這並不意味著在我們的生命中不會有敵人或苦難。真正的意義就是，即使我們經歷戰爭或苦難，但是神與我們同在。「我知道」，詩篇說，「神是幫助我的」（詩 56：9），我們知道嗎？

1. 在本章中，你學到了什麼最重要的真理？

2. 閱讀以弗所帕書 3 章 19 節，你有沒有想過讓神的充滿（fullness）充滿你呢？你有沒有理解到認識神的愛是被「神的充滿所充滿」的關鍵呢？在你的生命中，你所依賴得以充滿/完全（fullness）的關鍵是什麼呢？有沒有經文來支持你追求完全（fullness）的那些方式呢？

3. 一個小孩子如果確信他的父母愛他的話，那麼他的一生就很有信心。你能否列舉一些一個人被愛的好處？

4. 因為沒有被愛經歷，你是否看到在你生命的某些方面有缺憾呢？你是否相信經歷認識神的愛能夠彌補那些缺憾？

5. 本章中，我們只是列舉了有關充滿/完全（fullness）的幾個方面，事實上還有更多。思考耶穌的一生，你能否能想出由於認識神的愛所產生的豐富與完全（ fullness）的其它方面？如何把這些方面應用在你的生活中？

6. 在本章中，讓你最掙扎的是哪部分？花更多的時間來研讀有關方面的經文，並在禱告中交託。

7. 請用自已的文字解釋以弗所書 3 章 18 至 21 節，並以此作為個人的提醒及禱告：

……能以和眾聖徒一同明白基督的愛是何等長闊高深；並知道這愛是過於人所測度的，便叫神一切所充滿的，充滿了你們。神能照著運行在我們心裡的大力，充充足足地成就一切，超過我們所求所想的。但願祂在教會中，並在基督耶穌裡，得著榮耀，直到世世代代，永永遠遠。阿們。

第二部分：Agape 之愛

第六章　　一個新的觀點

神愛我們的心，我們也知道、也信。神就是愛！住在愛裡面的，
就是住在神裡面，神也住在祂裡面。　（約一 4:16）

神對我們的愛的本質是什麼呢？祂對人的愛是怎樣的？新約裡用來表達神的愛的主要詞彙就是 agape，為了更加完全的明白神的愛，我們應該給這個詞一個定義，你也許相信自己已經確切的知道了 agape 的意義。請花時間仔細思考接下來的兩章，你會得到意外的驚喜。

希臘語單詞 agape，在新約中被簡單地譯為「愛」，「愛」是現今生活中人們經常思想的主題，到處都充滿了這方面的教導。牧師、學者、宗教作家、甚至是非宗教的資料書籍也都講到關於 agape。在網上搜索引擎中輸入 agape，你會被所找出的知料感到驚奇。 2006 年，一位值得信任的同工這樣試過，搜索引擎搜尋出超過八百萬有關 agape 的內容，有太多關於 agape 的談論了。

這麼多的人都在講論什麼？讓我們來看一下是否可以把這些有關 agape 的討論歸劃成一些容易處理的特徵。任何一個作者或學者都可以把這些東西綜合起來，但我們卻要把它們分解開來，幫助我們來了解 agape。

神愛的形式

Agape 通常被稱為「神式」的愛。許多人說這是愛的最高形式。在這種理解中，愛是純潔、完美的，和我們的愛一點都不一樣。下面的兩處引用更加突出了 agape 的意義：

「Agape， 像神一樣的愛，與其它的愛有很明顯的區別。前三種都是自然的，甚至失落的人類也可以愛，但像神一樣的愛卻不是這樣。」——《當代神學辭典》

「人們所深愛的某件東西或事物會喚醒人們之間彼此的愛。但神的愛是自由的、自然的、不需要去激發促使它產生，神愛人因為祂選擇去愛他們……除非祂自己願意，否則沒有任何理由讓祂可以來愛我們。」——J.I. Packer《認識上帝》

這些人將 agape 的理解著重於耶穌的死；因此 agape 所彰顯出來的是完美無私的犧牲行為。正如你所看見的，失落的人們很難理解 agape 的定義。

人們接受的 agape 的觀念主要有兩種形式，我們稱其中一個為「意欲的愛」，稱另一個為「無條件的愛」。

第一個對 agape 的理解是：愛是意願的行動，是行出愛的一個決定。這意味著就算是你感到不喜歡的時候仍然選擇去愛一個人。換句話說，你的愛裡並沒有真正的喜愛和情感，但是，如同是真誠的愛，你選擇了愛來對待這個人。在這種 agape 的形式裡，愛根本就不是一種情感，而是「聖潔道德」——選擇做對的事情。有些人說神的 agape 是意欲的，意思就是，儘管我們對神來說是有罪的、令人厭惡，但神仍然選擇來愛我們。在這個觀點上，神是完美道德的本體，祂所行的都是正確的，因此祂所表現出來行為就是「愛」我們。

當人們說 agape 是無條件的愛時，那是他們正在尋求表達這樣的觀點：agape 源自神愛的本性。祂是愛，因此祂一定會愛；另一方面他們會說，「神愛，因為祂是愛」。我們可以沒有條件地得到祂的愛

（不是你可賺取的）是基於祂的本性，並且，這愛跟你身上的優點沒有任何關係（不是你配得的）。在本書的後面我們會看到，神愛的滿足了所有有關的條件。

共同點

在以上的 agape 觀點中，從本質上說神的愛和祂愛的對象（我們）毫無關係

讓我們來看一下一些作者對此是如何描述的，其中包括一位很受歡迎的敬虔作家，他很有影響力，還有三位神學家，以及一位在中世紀時很有影響力的基督教奧秘派人物。

「神愛你，因為祂選擇來愛你。」——Max Lucado

「對於 Agape 所愛的對象來說，它為至高，它針對惡人和義人；它自然而生，滿溢出來，沒有特別的動機。」——安德拉斯尼格倫《愛和情慾》

「agape 不是基於愛一個人時感情上的需要，也不是基於你對一個你所愛之人迷人的外表產生的慾望......」——《當代神學辭典》

「它不只是愛那些值得愛的對象，這種愛不是佔有欲。」——Leon Morris

「我們所愛的那份愛本是很純潔、很簡單、很獨立，以至於它不依靠於我個人，也不依靠我的朋友或是任何東西。」——Meister Eckhardt

所有的這些解釋中，agape 是冷漠的，不參雜任何的喜好，對我們不含帶任何的情感色彩，也不從我們獲取任何回報。實際上，這種愛與我們所了解的愛和被愛並不一樣，因為它不以任何慾望、快樂和喜好為基礎，它缺少很多我們所談論的「愛」裡包括的東西。我們稱此為 agape 的「一般理解」。

如果我們把 agape 的「一般理解」濃縮成既簡單又清晰的一個定義，《新靈充滿生命》版本的聖經所提供的解釋再好不過了。接下來所給出的兩個定義是分別把 agape 作為動詞和名詞來解釋：

（約 3：16）「愛」，動詞，agapao (agahpahoh)；尋根解碼 25：無條件的愛，透過選擇和意願的行為去愛。這個詞的意思是不可征服的慈愛和永不挫敗的美好意願。 Agapao 不求其它，只為人類求得最高利益。動詞 agapao 和名詞 agape 是專門用以描述神無條件之愛的詞彙。它不需要一個性質、一種親密關係或一種情感。Agapao 是基督徒群體的專用詞彙，這幾乎是一種新約之外的作家所不知道的愛。

（羅 5：5）「愛」，名詞，agape (agahpay) ，尋根解碼 26：這是基督徒賦予了新涵義的一個詞。除新約以外，在同時期的其它文獻當中幾乎沒有出現過。 Agape 的意思是一種不可征服的慈愛和永不挫敗的信譽。這種愛只尋求他人的最高利益，而不管這個人曾經都做過些什麼。它是一種自我奉獻的愛，白白的給予而不求回報，它從不考慮對方是否配得。Agape 不是一種像 philos 那樣的偶然之愛，而是一種選擇；它更是一種意願而非情感。 Agape 是用來描述神給世人的一種無條件的愛。

如此定義 Agape 的原因

我們已經對 agape 的「一般理解」給了定義，現在我們要在經文的角度中來詳查，但是首先，讓我們來思考一下人們為什麼這樣給 agape 定義。我們不能大量的去查考定義的原因，但我們可以根據「一般理解」看人們這樣定義 agape 的一些可能原因。

神學的假設

幾乎全世界都接受了 agape 的「一般理解」，其中一個可能的原因是今天的 agape 是依照神學體係來定義，而非按照聖經中的用法。有些人解釋因基於神的完美性，所以祂不可能會渴望我們、真正的愛我們、期待我們、感到傷心，等等。怕我們擔心是否這樣就會降低了神的偉大。人們誠摯的不希望在神身上找到人性的特點。他們想維持神的完美、聖潔、絕對地「與眾不同」，他們是用這種方法

來理解完美和聖潔。為了極其小心、不輕看神，他們才給 agape 下了這樣的定義，讓它遠遠不同於我們通常所涉及到的愛。

熟悉的一般理解

實際上 agape 的一般理解在於它的普遍性，因為普遍所以「理所當然」。有許多的文章和教導都談到 agape。有時，當一些東西廣泛普及、甚至很多世代都在教導，我們就忘記去仔細的與神的話語相對照。當網頁上出現了八百萬有關 agape 的參考，為什麼我們在這個時候感到有需要去仔細考察經文，去理解這個詞彙呢？假設現在我們已經徹底的考察及明白了 agape 的一般理解，但是對 agape 的一般理解會和我們從在聖經中所得的揭示一致嗎？

希伯來外的思考

許多學者和聖經教師沒有對新約中的希伯來背景作出適當的思考。新約聖經的作者都是耶穌時代的猶太信徒，當我們思考彼得的時候，正像我們所看到的，這些人有豐富的希伯來聖經的知識、歷史和他們的民族文化。他們撫育於猶大人的家庭。當他們跟隨耶穌時，他們從沒有停止遵守猶太人的聖日或停止參於猶太人的教堂。耶穌是猶太人的彌賽亞，祂成就了希伯來聖經中所記錄的有形無形的預言。 Agape 是一個希臘語單詞，這個希臘語單詞被借用來翻譯一個希伯來語的概念。

Agape, Ahavah, 和七十士譯本

希伯來詞彙中的「愛」是普通神學學者們的一個盲點，一般來說，希伯來的詞彙 ahavah 通常被翻譯成「愛」。按照這一共識，人們認為 ahavah 這個詞太籠統了，它無法準確的描述神所彰顯的和耶穌所吩咐的那種愛。學者認為 agape 在新約中所描述的是一種獨一、神聖的愛，不同於 ahavah 那種籠統的愛。我聽有人教導說，agape 這個詞在古文化中極少使用。我還讀過一些書上說，新約作者之所以選擇 agape 這個詞，準確的說是因為它很少被人使用。有人告訴我，因為人們對這個字不太熟悉，所以 agape 新約作者們給它一個重新而且超自然的定義。後來這個詞被廣泛到傳開了，agape 被認為是專一的基督徒詞彙，專門用來表達耶穌道成肉身之前不為人知的一種愛，似乎大家都接受這是事實。

然而，在很多方面，這種對 agape 的定義與事實是相反的。當我研讀了新約中所有使用 agape 的句子時，我豁然開朗。我並比較希伯來聖經中 ahavah 的用法，最後我得出結論：ahavah 和 agape 是同義詞。

在後來的研究中，我想起在耶穌降生之前，希伯來文聖經就已經被翻譯成了希臘語，這就是我們所知道的「七十士譯本」。事實是，與拉丁語同時期的希臘語是羅馬帝國的通用語言，當時羅馬帝國統治以色列。在耶穌時代許多猶太人被分散遍及羅馬帝國，羅馬帝國的商業界和政府都使用希臘語。就像現在說英語的人使用英語版本的聖經一樣，羅馬帝國中講希臘語的猶太人使用的是七十士譯本。當時人們非常廣泛地接受並使用七十士譯本，以至於新約作者引用舊約的時候，他們引用的每一個句子也都來自七十士譯本。出於這個原因，我們知道受到啟示的作者們熟悉從希伯來聖經翻譯過來的希臘文的七十士譯本了。

在這之前，我從來沒有考查過七十士譯本的翻譯者們是如何來使用及看待這個希伯來語詞「ahavah」的。可以想像當我發現我的結論是正確的時候，我有多麼驚訝。在希伯來聖經的希臘語譯本中，ahavah 被翻譯成希臘語的 agape，這一樣的翻譯出現了 200 多次。因為我們知道七十士譯本廣泛使用了 agape 這個詞，並且這個譯本被猶太人廣泛閱讀，所以我們可以知道 agape 在歷史上存在的普遍觀念（也就是這個詞由於少為人知而被賦予了新的意義）是錯誤的。

馬西昂主義（Marcionism）和諾斯底主義(Gnosticism)是兩個古老的異端，他們在至關重要的神學觀點上有極大的不同，但他們共同點是傲慢：這些系統教導新約的神比舊約中所描述的神較好。但是實際上，舊約的神和彌賽亞我們主耶穌基督的天父絕對是同一的。這位神是愛（agape），並且祂的行為總是和祂的屬性相一致。舊約中神的愛和新約中神的愛是沒有任何分斷的。

無論出於無知還是偏見，agape 的普遍理解忽視了它如何在七十士譯本中的應用。因此，這些被廣泛接受的定義忽略了活在耶穌和使徒

時代的猶太人所理解的 agape。也就是說，普遍理解在無意中忽視了新約作者們對 agape 的理解，也誤解了它如何在新約中的應用。

經文中 Agape 的應用

現在我們已經介紹了 agape 的普遍理解，那我們來看聖經是如何應用 agape。確定了聖經如何使用 agape 可以幫助我們下一個「聖經的定義」。因此，我們既會去看新約聖經也會看舊約的希臘文譯本（七十士譯本），使用七十士譯本會讓我們看到文字應用方法的連續性，並且會幫助我們充分的體會新約作者在聖經中使用 agape 這個詞的用意。

讓我們再重複針對 agape 的普遍理解，它實際上是一個誤解。普遍解釋都有一個共同點，就是把 agape 作為愛的最高形式，完全不同於人的愛。這愛不基於所愛之人的價值，也不基於對所愛之人的想望或欣賞，而是建基於行出愛的選擇上，是一個行出愛的屬性，不在乎所愛之人的優缺點如何。

這就是我們在聖經中看到的愛嗎？當我們看這些經文的時候，把這個定義和你在經文中所看到的相比較，確定這個定義是否夠充分，是否能站立得住？或者聖經中的 agape 全然是另一種概念？如果你仍然堅持 agape 的普遍理解是正確的，請準備整體性的思想改變。

當你看下面的信息時，我懇請你能深深思考、默想並禱告。通過聖經讓聖靈有空間與你的心互動。當你在新、舊約當中讀這些經文的時候，請記住：每一次你讀到「愛」這個字時，你就是在讀翻譯之前的 agape（除非另有註釋）。

Agape——情感之愛

我們首先應該建立起愛是一種情感的概念，愛是可以感受的。下面的經文中我們會看到 agape 是可以與其它情感相結合的一種情感，尤其是與喜樂的情感相結合。

你們聽見我對你們說了，我去還要到你們這裡來。你們若愛我，因我到父那裡去，就必喜樂，因為父是比我大的。（約14:28）

聖靈所結的果子，就是仁愛、喜樂、和平、忍耐、恩慈、良善、信實（加 5:22）。

下面的經文中，agape 是與另一種情感相對立的。

正如經上所記：「雅各是我所愛的，以掃是我所惡的。」（羅 9:13）

你喜愛公義，恨惡罪惡，所以神，就是你的神，用喜樂油膏你，勝過膏你的同伴。
（來 1:9）

恨惡是一種很強烈的情感，同樣，agape 也是如此。如經上所記神恨惡不遵守律法的人，難道神不是發自內心地恨惡不遵守律法的人嗎？難道神的愛沒有「情感」在其中嗎？下面的經文更進一步舉例說明了 agape 是一種可以與其它情感相對照的情感。

七十士譯本

人若有二妻，一為所愛，一為所惡，所愛的，所惡的都給他生了兒子，但長子是所惡之妻生的，到了把產業分給兒子承受的時候，不可將所愛之妻生的兒子立為長子，在所惡之妻生的兒子以上。（申 21:15,16）

要惡惡好善，在城門口秉公行義，或者耶和華萬軍之神向約瑟的餘民施恩。（摩 5:15）

agape 這個詞常和其它情感放在一起做對比，來傳達愛的情感。

Agape 對神來說是全心奉獻的愛

> 你要盡心、盡性、盡意、盡力愛主你的神。 （可 12:30）

什麼樣才是用心敬拜？ 「全心...」聽起來毫無情感嗎？這段經文中的 agape 意思是釋放出深愛、喜愛、讚賞、渴慕、喜悅等等，簡而言之，它就是「愛」。

我們很清楚的看見，神呼召我們不是要我們只使用我們的意志，祂要我們去愛祂，不單單要我們行動或決定去行動，祂要我們真的愛祂。我們現在專注這個愛祂命令，但愛不是一個冰冷的決定。由決定及意志愛去追求愛的目標，但是 agape 不僅僅是你意願的一種行為，愛是一種情感。

七十士譯本

> 以色列啊，現在耶和華你神向你所要的是什麼呢？只要你敬畏耶和華你的神，遵行祂的道，愛祂，盡心盡性侍奉祂。
> （申 10:12）

> 耶和華的聖民啊哪，你們都要愛祂！耶和華保護誠實人，足足報應行事驕傲的人。
> （詩 31:23）

在以賽亞書的經文中，先知為他所愛的唱詩，那位他所愛的。他為神唱了一首動人的情歌：

> 我要為我所親愛的唱歌，是我所愛者的歌，論祂葡萄園的事。我所親愛的有葡萄園在肥美的山岡上。 （賽 5:1）

Agape 可以用來描述為對神全心奉獻的愛。

Agape 的父親之愛

> 神說：「你帶著你的兒子，就是你獨生的兒子，你所愛的以
> 撒，往摩利亞地去，在我所要指示你的山上，把他獻為燔
> 祭。」（創 22: 2）

在這裡我們發現聖經中第一次提到「愛」（ahavah/agape）這個字。
這個故事描述了亞伯拉罕對以撒深情、誠摯的愛。在這樣偉大的父
對子愛的背景中，凸顯了這個對亞伯拉罕的信心的挑戰。這個令人
畏懼的故事成為天父為世人的罪而把祂兒子獻上為祭伏下背景。

> 又有聲音從天上來說：「你是我的愛子，我喜悅你！」（可
> 1:11）

這不是在描述一個冷酷的理性選擇，為愛所行動。不是！這是天父
對祂兒子由衷發出的自豪和肯定的愛。當然天父確實是喜愛耶穌，
真正 agape 的愛，不是嗎？耶穌對祂的天父來說是極為寶貴的。

耶穌知道這一點，所以講論過天父對祂的愛。讓我們來看一下
「子」眼中天父的愛。

> 父啊，我在哪裡，願你所賜給我的人也同我在那裡，叫他們
> 看見你所賜給我的榮耀；因為創立世界以前，你已經愛我
> 了。 （約 17:24）

> 我愛你們，正如父愛我一樣，你們要常在我的愛裡。 （約
> 15:9）

讓我們來看一下教會裡父對子的愛。

> 我寫這話，不是叫你們羞愧，乃是警戒你們，好像我所親愛
> 的兒女一樣。 （林前 4:14）

因此我已打發提摩太到你們那裡去;他在主裡面,是我所親愛、有忠心的兒子。 (林前 4:17)

七十士譯本

以撒愛以掃,因為常吃他的野味;利百加卻愛雅各。 (創 25:28)

因為耶和華所愛的,他必責備,正如父親責備所喜愛的兒子。 (箴 3:12)

以上的都陳述 Agape 有父對子之愛的含意。

Agape 也表示慈愛

耶穌素來愛馬大和她的妹子並拉撒路。 (約 11:5)

這節經文描述了一種深切、慈愛、忠誠、真情的友誼——耶穌很喜歡這個家庭,祂愛他們。在一個心碎的家庭和悲傷的會眾的情況下,旁觀者看見耶穌就評論說:

你看祂愛這人是何等懇切。 (約 11:36 下)

這節經文中使用了 phileo,它與約翰福音的 agape 同義。耶穌是如何愛(agape)拉撒路的?是深摯的忠誠之愛!在聖經中神顯明了同樣的友誼之愛。請看:

就著福音說,他們為你們的緣故是仇敵;就著揀選說,他們為列祖的緣故是蒙愛的。 (羅 11:28)

同樣的,神是如此忠誠的愛以色列及他們的先祖和後裔的。

另外一處經文也表達了 agape 深摯忠誠的愛：

> 我們既是這樣愛你們，不但願意將神的福音給你們，連自己
> 的性命也願意給你們，因你們是我們所疼愛的。　（帖前
> 2:8）

七十士譯本

> 約拿單因愛大衛如同愛自己的性命，就使他再起誓。　（撒
> 上 20:17）

因為彼此之間的關心、共同的興趣、及忠誠的友誼使我們選擇了跟
我們交網的朋友。我們信任我們的朋友，他們總是關心我們的幸
福。一位好朋友可以比一個兄弟更忠誠。Agape 可以用來描述朋友
深摯忠誠的愛。

思考

Agape 的普遍理解有不足之處，我們可以用下面的例子來説明：假設你在一個房間裡，有一個美妙的人正用他那美好的聲音唱出有史以來最美麗的情歌。你聽到這個人的聲音，歌詞深深的吸引著你，旋律是那樣的有力，節奏觸動著你的心...

在你享受這首歌的同時，你注意到有一件事，那就是這首情歌不是特別為你而唱的。你從這歌中受益，但是這首歌的美卻只在於歌詞、旋律、和歌唱者的聲音。你如果不在這房間裡，歌手同樣在唱。

聖經上 agape 之歌卻是不同的。神是單單的在對你唱一首歌。你會聽見這首歌裡有你的名字。歌唱者慢慢地走向你、靠近你、凝視著你的雙眼，對你歌唱。這並不只是一位很棒的歌手唱了一首很好聽的歌。在聖經上的 agape 之歌裡，愛你的那一位不是無緣無故地在歌唱，祂對你而唱。祂歌唱，因為祂愛你。祂正在對你唱出祂的真愛。你能聽見祂的歌聲嗎？只為你而唱！

1. 你在本章中學到最重要的真理是什麼？

2. 基於在本章中我們所講的 agape 的種類，寫一個符合聖經的 agape 定義。這和你在學習本書之前所持有的愛的觀念有所不同嗎？若有不同，描述你曾有的觀念和聖經使用這個詞所表達的觀念這兩者之間有何不同。

3. 請閱讀西番雅 3:17：

    耶和華你的神是施行拯救、大有能力的主！祂在你中間必因你歡欣喜樂，默然愛你，且因你喜樂而歡呼。

    解釋這節經文，然後用自己文字描述在這裡神的愛是怎樣的一種愛。

4. 在本章中，選出一節針對你持有對 agape 的觀念所講論的經文。在這節經文裡面寫出一些你對 Agape 的想法和考慮。

5. 本章中使你最掙扎的是什麼？花更多時間學習關於這一主題的經文，並在禱告中交託。

6. 請用自己的文字解釋約翰一書四章 16 節，並以此作為個人的提醒及禱告：

   神愛我們的信，我們也知道、也信。神就是愛！住在愛裡面的，就是住在神裡面，神也住在他裡面。

第七章　　Agape 之愛的範疇

耶和華必然等候，要施恩給你們。必然興起，好憐憫你們。因為耶和華是公平的神。凡等候祂的，都是有福的。 (賽 30:18)

在上一章中我們開始查考經文，目的是為了給 agape 這個詞下一個符合聖經的定義。對 agape 普遍理解的定義是：「agape 之愛不同於人的愛，它是愛的最高形式。這種愛不是基於被愛者的價值或重要程度，也不是基於愛人者的渴望或垂青。相反的，agape 是主動選擇去愛的一種行動，它不在乎被愛者的優缺點如何。」我們現在來查考聖經中對 agape 的定義，看看這種普遍 agape 的定義是否能成立或得住。

那麼到目前為止，我們從經文中都看到了什麼呢？我們已經看到agape 意味著「愛的情感（emotion of love）」，有時候它也和其它的情感相結合，例如喜樂；但是有些時候，它又和某些情感相對立，例如怨恨和苦毒。

Agape 也可以用來描述對神全身心的愛的奉獻。這愛的奉獻涉及到我們全部的意志力和生命，這並不是單單要選擇愛神的那麼簡單。

Agape 還可以意味著朋友之間深切、忠實的喜愛，就像大衛和約拿單、耶穌與拉撒路。約拿單因為對大衛的忠誠，他放棄了坐上王位的機會；耶穌對拉撒路忠實的愛也透過他在拉撒路墳墓前的哭泣表現出來（約 11:5,11,35）。讓我們回想一下，人們稱約翰為「耶穌所愛的那門徒」，在這裡顯示約翰和彌賽亞之間有著朋友之間忠實的喜愛。

Agape 也可以描述父親對兒子的深切厚愛。毋庸置疑，亞伯拉罕對他長期等待所得的兒子以撒的愛是何等深切、溫柔、強烈，就如同天父對耶穌的愛一樣。

以上這些如何來與 agape 的普遍理解相比較呢？到目前為止，我們看到 agape 的普遍理解和它在聖經當中的用法是兩個完全不同的。讓我們繼續來看聖經中的 agape，還有很多領域要了解，所以讓我們繼續學習。

Agape 的普世之愛

Agape 不是一種與人毫無關係的愛，相反，經文中的 agape 可以描述世人之間的愛。在什麼情況下，能夠在一個常人身上看到 agape 的愛呢？這裡有一個例子，是關於一個愛著以色列人的百夫長。

> 因為他愛我們的百姓，給我們建造會堂。 （路 7:5）

這個真理就是：一個人能夠、也可以用 agape 之愛去愛。事實上耶穌也讓我們看到，稅吏，即使是一個賣國賊，也有 agape 之愛。

> 你們若單愛那愛你們的人，有甚麼賞賜呢？就是稅吏不也是這樣行嗎？ （太 5:46）

令人驚訝的是，甚至罪人也能夠 agape！這是人類一種本能的愛。Agape 也可有本能之愛（natural affection）的意思。

> 你們若單愛那愛你們的人，有甚麼可酬謝的呢？就是罪人也愛那愛他們的人。 （路 6:32）

甚至是在地獄裡也存在著這種本能之愛，雖然在這些經文中並沒有出現 agape 這個詞，但這本能之愛卻出現在這一個故事中。這是有關於「愛那愛你們的人」的例子。

> 財主説：「我祖啊！既是這樣，求你打發拉撒路到我父家去，因為我還有五個弟兄，他可以對他們作見證，免得他們也來到這痛苦的地方。」（路 16:27/28）

Agape 是普世的愛，它是世人共有的。

有原因的 Agape 之愛

對 agape 的普遍理解是：某人完全出於自願的一種選擇性行為，或者是具有愛的特質而必須要流露出來的行為。所以，agape 沒有起因，是沒有起因所導致出的結果。但是，下面這些經文所描述的 agape 都有原因。

> 我父愛我，因我將命捨去，好再取回來。（約 10:17）

耶穌認知祂之被天父愛是因祂的行為和態度。你認為祂説的不對嗎？當天父看到兒子的品格、個性和生活時，難道祂不認為這是一個值得被愛的人嗎？

> 各人要隨本心所酌定的，不要作難，不要勉強，因為捐得樂意的人是神所喜愛的。（林後 9:7）

在這裡，保羅勸勉信徒要捐給那些需要的人們，這樣會得蒙神的喜悅。這種樂意奉獻的行為和態度讓神喜悅，並且會讓神愛他們。

由感恩產生的 Agape 之愛

感恩也是產生 Agape 的其中一個原因。再説一次，agape 是一個人對另一個人行動的反應。這樣的愛是可以被啟發的。下面經文中的 agape 描述了一種自然表達的感恩。

> 耶穌説：「一個債主有兩個人欠他的債：一個欠五十兩銀子，一個欠五兩銀子。因為他們無力償還，債主就開恩免了他們兩個人的債。這兩個人哪一個更愛他呢？」
> （路 7:41/42）

Agape 的另一個原因就是愛（agape）！很奇妙的是，在這節經文裡 agape 被看成是可以由愛（agape）激發的，這種 agape 之愛近乎是彼此相互的。

> 我也甘心樂意為你們的靈魂費財費力。難道我越發愛你們，就越發少得你們的愛嗎？（林後 12:15）

Agape 之愛可以由不同的原因而產生。

不同強度的 agape 之愛

我們並不為此感到驚訝，因為有些人把 agape 理想化、絕對化了，所以當他們意識到 agape 強烈程度並不都是一樣的，並且 agape 可以表現各種不同程度的愛時讓他們感到驚異。翻到林後 12 章 15 節，我們可以看到強烈程度不同的愛：

> 我也甘心樂意為你們的靈魂費財費力。難道我越發愛你們，就越發少得你們的愛嗎？（林後 12:15）

還有另一節經文談到 agape 特別的偉大的愛。

> 然而神既有豐富的憐憫，因祂愛我們的大愛，（弗 2:4）

「大」這個詞表示這愛有不同強烈的程度。毋庸置疑，神愛萬物。然而，祂愛我們的愛卻是最強烈的。

> 我先前心裡難過痛苦，多多地流淚，寫信給你們，不是叫你們憂愁，乃是叫你們知道我格外地疼愛你們。（林後 2:4）

Thayer's Lexicon 這樣來定義 perissos 這個詞——「更深入、更切實、更超越」，在這節經文中被認為是「格外地、超過其他人」。Agape 的強烈程度並不是都一樣的。

七十士譯本

> 以色列原來愛約瑟過於愛他的眾子，因為約瑟是他年老生的；他給約瑟做了一件彩衣。 （創 37:3）

> 愛我的，我也愛他；懇切尋求我的，必尋得見。 （箴 8:17）

Agape 之愛可以有不同的程度：多或少、大愛，特別給某人的愛等。

Agape 的婚姻之愛

> 神對何西阿說：「那本來不是我子民的，我要稱為我的子民」；本來不是蒙愛的，我要稱為「蒙愛的」。 （羅 9:25）

> 你們作丈夫的，要愛你們的妻子，正如基督愛教會，為教會捨己。 （弗：5:25）

> 你們作丈夫的，要愛你們的妻子，不可苦待她們。 （西 3:19）

我經常聽到有人說，保羅在以弗所 5 章 25 節是勸勉丈夫要下決心去行出愛來。這是常見的論點，即婚姻中的 agape 之愛不是一種情感，而是來自意願的行動。然而在歌羅西書三章，agape 和另外一個詞「怨恨」是互相對照的。到今天為止，我還沒有聽過任何一個人說怨恨不是一種情感的。Agape 在婚姻中就是一種情感。

我的太太希望我關心她，但她不願意我是因為有很強的自制力而選擇去做這件該做的事；如果因為我只是一個選擇去愛人的人，所以她才經歷了我的愛，那麼她也不會滿足。我的太太只想我能愛她。

經文

> 以撒便領利百加進了他母親撒拉的帳棚，娶了她為妻，並且愛她。以撒自從他母親不在了，這才得了安慰。 （創 24:67）

> 雅各就為拉結服事了七年。他因為深愛拉結，就看這七年如同幾天。 （創 29:20）

> 利亞懷孕生子，就給他起名叫呂便（注：就是「有兒子」的意思），因而說：「耶和華看見我的苦情，如今我的丈夫必愛我。」 （創 29:32）

Agape 可以用來描述婚姻之愛。

對錯誤事物的 Agape 之愛

你可能會很難相信這個的可能性，就是我們可能去愛很多不好的事情。

> 一個人不能事奉兩個主。不是惡這個愛那個，就是重這個輕那個。你們不能又事奉神，又事奉瑪門（注：「瑪門」是「財利」的意思）。 （太 6:24）

> 這是因他們愛人的榮耀過於愛神的榮耀。 （約 12:43）

> 光來到世間，世人因自己的行為是惡的，不愛光倒愛黑暗，定他們的罪就是在此。
> （約 3:19）

> 因為底馬貪愛現今的世界，就離棄我往帖撒羅尼迦去了，革勒士往加拉太去，提多往撻馬太去。 （提後 4:10）

> 不要愛世界和世界上的事。人若愛世界，愛父的心就不在他裡面了。 （約一 2:15）

他們離棄正路，就走差了，隨從比珥之子巴蘭的路。巴蘭就是那貪愛不義之工價的先知。 （彼後 2:15）

經文

耶和華試驗義人；惟有惡人和喜愛強暴的人，他心裡恨惡。 （詩 11:15）

你的官長居心悖逆，與盜賊作伴，各都喜愛賄賂，追求贓私。他們不為孤兒伸冤，寡婦的案件也不得呈到他們面前。 （賽 1:23）

就是先知說假預言，祭司藉他們把持權柄，我的百姓也喜愛這些事。到了結局你們怎樣行呢？ （耶 5:31）

以法蓮是商人，手裡有詭詐的天平，愛行欺騙。 （何 12:7）

那麼，這些人都愛（agape）什麼呢？

他們喜愛（agape）人的誇獎
他們喜愛（agape）瑪門
他們喜愛（agape）黑暗
他們喜愛（agape）當今的世界
他們喜愛（agape）不義之財
他們喜愛（agape）暴力、賄賂、違背誓言、壓迫。

在這裡，我們來進一步的問一下，為什麼他們會喜愛那些東西呢？

他們之所以喜愛那些東西，是因為他們認為那些值得愛，對他們來說那些都是可愛的。他們所追求的是他們認為值得愛的。那些東西吸引注了他們。

總結

聖經中的 agape 描述的愛有很多不同方面；

      父親之愛
      對神的奉獻之愛
      朋友之間忠實的喜愛
      自然之愛
      情感之愛
      婚姻之愛
      不同強度的愛
      對錯誤事物的愛

另外，我們看到聖經用 agape 來講論愛:

      天父對耶穌的愛
      神對人的愛
      人對神的愛
      人對人的愛（甚至是失落的人之間的愛）
      人對事物的愛

記住，在 agape 的普遍理解中，它是屬神的、自我意志所決定的、無條件的、不會為感情有所動、獨立的、無動機的。那些的理解是出自於聖經嗎？剛好相反。聖經中的 agape 是活潑的，熱情的，它是依附於對方而存在的，是喜悅的，有情感的，而且是非常自然的。它是一種就像我們通常在腦中所想像的愛。它並不是那好比一種超越心靈性的精神，遙遠而無法可得。聖經中的 agape 之愛就是真愛。

思考

我們能夠想到的最強烈的愛和奉獻的例子就是「捆綁以撒」。神要亞伯拉罕把以撒獻上當作燔祭。在摩西五經我們可以發現，燔祭牲不是只有焚燒那麼的簡單，殺死之後，還要取出內臟、剪掉四肢，然後把它燒成灰。「宰殺你所愛的孩子，把他當做燔祭獻上。」

我們對這個故事太熟悉了，以至於我們想像不出亞伯拉罕當初心裡有多麼的恐懼。當我們認真地來看待這個呼召時，我們就會急切的想知道：「父親對他所愛的獨生兒子會怎樣做呢？」

當我們想到在各各他（Golgotha）神也為了我們做了同樣的事。這是何等令人敬畏，神為我們賜下了祂最愛的獨生子。

> 你看父賜給我們是何等的慈愛，使我們得稱為神的兒女。
> （約一 3:1 上）

這是一種極其強烈、令人震驚、無法測量的大愛。你在加略山看見了神對你的愛嗎？

1. 在本章中，你學到的最重要的真理是什麼？

2. 請讀下面這節經文，是關於對錯誤事物的愛

   你們法利賽人有禍了！因為你們喜愛會堂裡的首位，又喜愛人在街市上問你們的安。（路 11:43）

   人們可以喜愛錯誤的東西，這告訴你 agape 之愛有什麼特點？

3. 在你心裡，你是否發現你也喜愛一些錯誤的東西？

4. 經文中的 agape 描述了各種各樣人與人之間的愛，想一想你對你愛的人所存有的感情。你發現在你自己心裡的是哪種愛？

這種練習能夠讓你體會神對你的情感。把你對別人的愛記下來，然後小心的應用在神對你的身上；寫下你對另一個人的愛屬於哪一種，這會擴展你對神是愛你的信心。為什麼要對這個信心掙扎？

5. 在這一章中，你最大的掙扎是什麼？花更多的時間來學習關於這個話題的經文，把它放在禱告中。

6. 請用自已的文字解釋以賽亞書 30 章 18 節，並以此作為個人的提醒及禱告：

耶和華必然等候，要施恩給你們；必然興起，好憐憫你們。因為耶和華是公平的神，凡等候祂的都是有福的！

第八章　　神的愛是怎樣的？

耶穌快到耶路撒冷，看見城，就為它哀哭。　（路 19:41）

在第六和第七章我們問過：「聖經是怎樣使用 agape〈愛〉這個詞的？」這就為「愛」提供了一個符合聖經的理解。通過聖經的查考，我們發現聖經中的愛是有活力、熱切、依戀、親切、有感情、並且自然的愛；這就是真愛。

現在，讓我們再進一步來問：神的 agape 之愛又是怎樣的呢？讓我們接著來查考 agape。我們總體的論點是：聖經中的 agape 之愛就是真愛。什麼是真愛呢？真愛就是真實的、純潔、持久、忠心、誠懇的愛。當我們同意神的愛是真愛時，我們會把這些的特性歸因於以上個論點。我們說神的愛不虛假，它不是一個偽善或假冒的東西，也不是一個幻象。愛這個詞的真正、精準的含義就是「愛」：神的愛是真愛。

到現在你可能會想，「當然神的愛是真愛，當然它是真實的。」然而，當查考希臘語的 agape 這個詞時，許多信徒對於神的愛這一概念的理解和我們在聖經中所認識的並不一樣；當我們看一般 agape 的意義時，很多人認為神的愛是至高、聖潔、高尚、且冷漠，它不含帶任何的感情的成分，看起來並不是像是愛。

常見的誤解
以下是對神的愛所存在的一些常見誤解。

許多人錯誤的認為，雖然神並不愛你這個人本身，但因著耶穌為你所做的，祂對待你就好像祂愛你一樣，不過這並不是祂真正地願意愛你。由此看來，祂並不是真正愛你，但是你可以因耶穌的緣故經歷神對你的愛。

另一些人把愛錯誤的規限在意志的領域裡。因為這位神總體來說是很好、美妙，完美，所以祂做了一個符合道德準則的決定：那就是去「愛」我們。從這個觀點來看，祂的愛是一種道德的選擇，跟我們所認識的愛完全不同。

還有一些人保持這樣的看法：神的愛是「無條件的愛」。根據這一觀點，你不是賺得了祂的愛，並且你永遠都不會失去這愛；在祂的愛裡，無論你擁有多少，也無論你做了多少，這都不能使神愛你更多或更少。這種愛是一個固定不動的狀態，或者說愛的流通是不變的。從這樣的觀點看來，如同前面所提及的，「愛」是和你沒有一點關係的，你經歷愛不是因為神愛你或是你可愛，而是因為神的愛的屬性使祂產生了愛的行動。

這些觀念中導致了一個問題：神和神所愛的對象沒有任何關係。在每一種情況下，神的愛不是建立在欣賞、吸引、感情、喜悅和渴望上面，而是建立在其它的方面上。這些概念都不符合聖經上所講的愛——活潑、熱切、充滿依戀、親切、深情、並且自然！聖經中的愛和我們所想像的、所經歷的愛是一樣的；這就是神愛的真實性，它就是真愛！

在我們開始看神對你的愛的各個具體方面之前，讓我們一起來看神從內心愛你的一些證據，祂的愛是那樣的活潑、熱切、充滿依戀、親切而且深有情感！

我們如何知道祂的愛是真愛

呼召全心的奉獻

我們知道神的愛是真愛的一個方式就是祂呼召我們要全心和忠誠的去愛祂。假設我們對神的愛就像金子一樣可以檢驗和測量，黃金的

純度經常用「克拉」來測，純金用「24 克拉的金子」來描述。如果
一個人購買了一個 18 克拉的金戒指，那麼這個戒指中金子的百分率
為 25%，這也意味著（25%）戒指裡有 6 克拉是其它材料。含金量
24 克拉的金子被稱作「純金」，它是沒有雜質的。我們對神的愛也
應是純淨沒有雜質、完全、且沒有摻假的。來回答下面這個問題：
神呼召我們去愛祂，要比祂愛我們的愛還要更高的品質、還要完
全，這可能嗎？

> 你要盡心、盡性、盡意、盡力愛主你的神（可 12:30）

祂命令我們，「要盡心、盡性、盡意、盡力地來愛我。」祂呼召我
們要真正的投入。不僅僅是用心、用思想等，而是要「用全盡…」
這是語氣很強的一節經文。然而有些人要讓我們去相信神的愛是漠
不關心的愛，並且根本不在乎那些被蒙召與經歷祂愛的人，這怎麼
可能呢？

那些認為神沒有用感情對待祂百姓的人們，他們的想法是錯誤的。
眾先知證明了神的愛是用心付出的。耶利米預言說，因神熱烈的愛
才帶動了復興運動。

> 我必歡喜施恩與他們，要盡心盡意、誠誠實實將他們栽於此
> 地。 （耶 32:41）

祂呼召我們去愛祂，祂也以同樣的方式來愛我們。主說：「我以全
心、全人、全意、全力來愛你，你們也以同樣的方式來愛我，我渴
望我們負相同的軛，以這種方式來愛我。」

神追求一個互相回應的關係。這也是耶穌受難的核心。神道成肉身
展示了祂偉大的愛，以至於祂甘心情願忍耐、受苦、為了祂所愛的
人類作為祭物獻上。祂所愛的人們是何其寶貴，以至於愛人的主願
的為祂所愛的獻上一切。

一項至尊的律法

神的愛是真的亦可從「至尊律法」中肯定。這項「至尊律法」是什麼呢？它告訴了我們什麼樣的有關於我們的君王的信息？在雅各書2章8節可以找到這項至尊律法：

> 經上記著說：「要愛人如己」。你們若全守這至尊的律法，才是好的。

一位君王賜給我們一項律法，這律法描繪出君王的心意。這項至尊律法是神愛的一個啟示。神要我們愛我們身邊的人。為什麼？因為祂愛他們，並欲望他們得到愛。這律法不僅僅管理我們生活的一種途徑，它並是神內心的吶喊！

讓我們進一步來看：我們蒙召要彼此相愛，那我們要用怎樣的愛去愛呢？

> 你們既因順從真理，潔淨了自己的心，以致愛弟兄沒有虛假，就當從心裡彼此切實相愛。（彼前 1:22）

> 最要緊的是彼此切實相愛，因為愛能遮掩許多的罪。（彼前 4:8）

愛弟兄要真誠、沒有虛假，這個呼召傳達了神的真愛的心意。神命令我們要切實真誠的彼此相愛，但祂呼召我們不是要我們用不同於祂愛的方式來彼此相愛。這些經文向我們顯明了一些有關神愛的內容：祂對我們的愛沒有虛假。祂的愛是切實的，祂的愛是真誠、沒有虛假的愛。

神恨惡虛假

聖經對我們說了一樣事情，講的比其它任何事情都多，就是關於神的愛是如何的真實：神恨惡虛假的愛。以下經文是神對假愛的反應：

> 假冒偽善的人哪！以賽亞指著你們說的預言是不錯的。他
> 說：「這百姓用嘴唇尊敬我，心卻遠離我，他們將人的吩咐
> 當作道理教導人，所以拜我也是枉然。」（太 15:7-9）

你們的王不滿足於只是假裝有真實的敬拜這種行為。 （為什麼會有
人滿足於那樣愛的形式呢？）怎麼會有人想像說我們的造物主會滿
足於以祂所不喜歡被愛的方式來愛我們呢？ ！神不是假冒偽善的。
祂的愛是熱切的。祂的愛不僅僅是由祂的意願而產生的一種行動。
祂的愛不僅僅是一種仁慈、無條件性質的愛心表現。神的愛是真
愛。

確實的明證——神的兒子

神的愛心是從於祂的兒子得到最明顯的揭示。請看約翰福音 1 章 18
節：

> 從來沒有人看見神，只有在父懷裡的獨生子將祂表明出來。

這兒子，「就是在父懷裡的」顯明了神的心意。神的心意毫無隱藏
地向我們靠近，我們也給予了回應，我們殘酷的對待這個心意，拒
絕它，並把它釘在十字架上。然而，神使用這種拒絕的方式，赦免
了我們的罪。為什麼？祂「遮掩（我們的）許多罪」（彼前 4:8），
為要解決我們與祂隔離的關係。祂渴望和我們的關係。祂付上了流
血的代價來遮蓋我們與祂分離的罪，因為我們在祂中心的價值遠超
過我們的過犯。耶穌被釘死在十字架上的刑罰顯明了這不可思議地
深切與真實的愛！

擬人化語言 (Anthropomorphic Language)

當我們讀聖經時，發現有些經文把神描述得就像是一個人，或者是
像人一樣去做事，這就是我們在閱讀擬人化的語言來描述神。例
如，當讀到神有「眼睛」時，這就是擬人法。當我們讀詩篇 23 篇，
我們會看到神扮演著人的角色，「耶和華是我的牧者，」我們所讀
的就是擬人法論。然而，有許多人認為在聖經中含擬人語言的經文
來描述神是不真實的。讓我們根據提摩太後書 3 章 16 至 17 節來檢
驗一下：

> 聖經都是神所默示的，於教訓、督責、使人歸正、教導人學
> 義都是有益的，叫屬神的人得以完全，預備行各樣的善事。

「聖經都是神所默示的...是有益的。」在聖經中含擬人法的語言去
描述神，並不是一個神的聖靈錯誤，擬人法是聖靈要幫助我們去明
白有關神的事。比如說，神以我們聆聽的方式去聆聽，但祂聽得更
多更多。他聽見的更多！這裡是一個聖經中的例子：

> 父親怎樣憐恤他的兒女，耶和華也怎樣憐恤敬畏祂的人。
> （詩 103:13）

祂有更多的憐恤，祂由心發出的回應就像是一位慈愛的父親——更
多!

在聖經中的擬人法語言是深具有啟示性質的。從在它裡面我們可以
認識我們與神的關係，它還傳遞給一個超乎我們想像的實質，那就
是天父的憐恤，只會更多的憐恤！這就是我們所侍奉的神。

讓我們一起來看詩篇 94 篇 8 至 10 節：

> 你們民間的畜類人當思想，你們愚頑人到幾時才有智慧呢？
> 造耳朵的，難道自己不聽見嗎？造眼睛的，難道自己不看見
> 嗎？管教列邦的，就是叫人得知識的，難道自己不懲治人
> 嗎？

這節經文傳遞了一種強烈的斥責，它斥責了那些拒絕神以擬人法語
言來進行溝通的人：「你們什麼時候才能明白，愚頑人？」神在
說，「這些事情都是講論我的，耳朵是在說我可以聽見,眼睛是說我
可以看見。」

現在，允許我在這張列表中加上我自己的問題「難道祂不......」

祂創造了心，難道祂不愛嗎？

當然，神創造了人類感情的心臟，祂當然愛。祂給了我們能力去感覺並且去愛，這也反映了祂自己在這方面的能力。祇是祂看到的更多、聽見更多，祂也感覺得更多、愛得更多！擬人法的語言是神愛我們的一個強力的明證。

複習

讓我們簡略地複習一下我們目前所學的。我們在建立這樣的觀點：神的愛就是真愛。它不是一種假冒，它不是只有外貌沒有內心的愛，它不是虛假的，也是一種看似像真的。那是真正的愛，這也在聖經中清楚地證明過。神的愛在祂給我們的指令中可以看到；神的愛在祂恨惡虛假的屬性中可以看到；神的愛在祂創造我們去愛中也可以看到；神的愛在祂把自己的兒子做為珍貴的禮物賜給我們的時候可以看到；神的愛在擬人法的語言中更可以看到。祂真實無暇的愛我們！

神的真愛的各個不同方面

我們已經建立了這個觀念，就是神對我們的愛是何等真實，那麼現在讓我們來看一些具體的方面，看看這愛究竟是怎樣的。

吸引力

就像我們定義「愛」時所認識的一樣，吸引力是愛的動機的根源，我們愛我們認為可愛的東西。令人驚訝的是，神也愛祂認為可愛的東西。

當我們看聖經時會發現 agape 很容易被定義為：「愛是因為你發現了所愛對象的價值。」很不嚴謹地說，當你「愛」某個東西時你就是在經歷 agape 的愛了。當你覺得一個東西可愛或值得愛的時候你就會愛這個東西，也就是——值得愛的。

對神來說，我們是可愛的；對神來說我們值得被愛。讓我們一起來看一些經文：

> 耶穌看著他，就愛他。 （可 10:21 上）

> 神看一切所造的都甚好。有晚上,有早晨,是第六日。
> (創 1:31)

當耶穌看到富有的年輕人時,祂並沒有厭恨眼所見的,祂愛這個即使被誤導、被世俗所纏繞著的年輕人。當神看見祂的創造(包括人類),祂並沒有陷入挫折或失望。祂看著、評價著,祂發現祂的創造甚好。我們的創造主是聖潔、偉大、無所不知、充滿智慧的。神有創造出符合祂意願的任何事的技巧和能力,祂的創造不可能錯誤。神愛我們,因為祂看我們是可愛的!人類是神所吸引的(是祂欣賞的)是神愛的一個方面。

神的愛充滿情感

神愛的另一個方面是這愛充滿著情感。神的愛不僅僅是祂意志力的產物,或者是一種完美屬性的表達,它更是一種感情。一些人為了持守著神是完美的這一概念,也就是對於神來說祂什麼都不需要,神對祂的創造毫無感情。對他們來說,神與人沒有關係,是鐵面無私的;對他們來說,祂是「偉大的斯多亞主義之神。」(斯多亞主義:強調理性、道德價值、責任義務與正義)

聖經有講講述到關於這樣的心態嗎?讓我們一起來看一段經文:

> 耶穌快到耶路撒冷,看見城,就為它哀哭,說:「巴不得你在這日子知道關係你平安的事,無奈這事現在是隱藏的,叫你的眼看不出來。因為日子將到,你的仇敵必築起土壘,周圍環繞你,四面困住你,並要掃滅你和你裡頭的兒女,連一塊石頭也不留在石頭上,因你不知道眷顧你的時候。(路19:41-44)

看,耶穌在為將要面臨審判的耶路撒冷抽泣、喘息,鼻涕流到祂的鬍鬚上。難道耶穌表現出的是祂對自己所創造的沒有任何感情嗎?這就是那位沉默不語、無動於衷的神嗎?神的名字中沒有「斯多亞主義之耶和華」。

在這節經文中，「哀哭」的希臘語是 klaio。你見過一個傷心的孩子嗎？你曾經有從哀痛到情不自禁大聲哀號哭泣嗎？ klaio 傳達了這些意思。耶穌受感動了；祂真的為耶路撒冷感到憂傷。祂真的愛以色列！

這不僅是道成肉身的明證，也是先知們的見證。

> 以法蓮哪，我怎能捨棄你？以色列啊，我怎能棄絕你？我怎能使你如押瑪？怎能使你如洗扁？我回心轉意，我的憐愛大大發動。 （何 11:8）

神是斯多亞主義者嗎？斷乎不是！聖經見證了神是有情感的神。祂深深的感受到：愛，喜樂，激情，憂傷，甚至是發怒。如果你說，「哦，那只是擬人法的語言」，切記，當談到有關於神的時候，擬人法的語言不但傳達了一個真理，而事實上它比所描述的更加深入和真實。如果它「僅僅」是擬人法的語言，那麼神的愛是更多，神的哀痛是更重，神的關心是更深。神對你的愛充滿著深厚的情感。

神熱烈的愛

再近一步來看情感之愛這個概念，我們可以說神的愛是熱烈的。那是一種燃燒的愛、熱情的愛。 講到神的形象，在經文中形容神如是一位熱切的丈夫。雅歌書生動並聖潔地描述了神的愛，這卷書在七十士譯本中曾 19 次使用到 agape 這個詞。有關愛這方面一直延續，成為了先知書中的主題，於以弗所書 5 章中被加以詳述，並在啟示錄當中頌揚。這是一個歷史向前邁進到頂峰的畫面。它表明了為什麼神把所創造的人類放在了第一位。神總是有一個計劃，而婚姻恰恰描繪了這一計劃。

神已經顯明的是，agape 之愛的其中有一方面只能藉著浪漫的愛情才能讓我們瞥見。在屬靈上（而非肉體上）祂渴望人類的愛要如同一個青春歲月的年輕人熱切的在渴望著他夢中的新娘。

這愛包含著一個感情成熟的年輕人對她的伴侶的喜悅；它遠遠超過了一個祇是年輕人的友情。人們之間熱切與浪漫的愛就猶如神的愛和渴望。

一些人聲稱這只是對姐妹們的啟示，但我認為這個啟示對於弟兄也是很相關的。弟兄們，也許你所經歷的熱烈的渴望正是神此刻對你的渴望。弟兄們，你是否曾經把神看為一個正在熱切愛慕著你的人？請花時間來思想這一點。

> 新郎怎樣喜悅新婦，你的神也照樣喜悅你。 （賽 62:5 下）

神強烈的愛產生嫉妒

另外，神嫉妒祂的百姓的愛、他們的關注、和他們對祂的忠誠。這種嫉妒可引發祂從愛與渴慕為根本的憤怒。耶和華的嫉妒不僅祇是舊約中的概念。雖然這一點可能會讓我們感到不舒服，但這是真實的。看看雅各的描述：

> 你們想經上所說是徒然的嗎？神所賜住在我們裡面的靈，是戀愛至於嫉妒嗎？ （雅 4:5）

這裡有一個小故事：

想像一個勝利歸來的勇士。敵人決定要破壞毀滅這個勇士的家，他為了自己的家人用極大的代價竭盡全力打敗了敵軍。看，他的血和敵人的血混在一起，濺到他的衣服上，他從戰場上勝利歸來了。

> 你的裝扮為何有紅色？你的衣服為何像踹酒醡的呢?我獨自踹酒醡，眾民中無一人與我同在。我發怒將他們踹下，發烈怒將他們踐踏；他們的血濺在我的衣服上，並且污染了我一切的衣裳。因為報仇之日在我心中，救贖我民之年已經來到。 （賽 63:2-4）

他打開自己的家門，卻發現他的妻子與敵人懷抱並且毫無羞恥的淫蕩嘲笑這位站在門口的勇士，要求他關門離開。

> 你們這些淫亂的人哪，豈不知與世俗為友的，就是與神為敵嗎？所以凡想要與世俗為友的，就是與神為敵了。你們想經上所說的是徒然的嗎？神所賜住在我們裡面的靈，是戀愛至於嫉妒嗎？（雅 4:4-5）

假如，在他做了所有的努力之後，她仍然拒絕回到他身邊，你認為這位勇士將會怎麼做？他將會有什麼樣的反應？

> 我也要審判你，好像官長審判淫婦和流人血的婦女一樣。我引忿怒忌恨，使流血的罪歸到你身上。（結 16:38）

人類是藉著得彌賽亞的勝利之血和爭戰得蒙救贖。耶穌已經升上高天，祂仍然站在門外叩門。此時，祂為之付出一切的對象，祂為之而死的人們，正在和祂最恨惡的仇敵行淫。耶穌的反應是震怒和忌妒。祂強烈地渴望著他們，因此祂要與搶走他們的敵人爭戰，主將會除滅那個使他們與祂隔絕的罪（靈裡的私通）根及其後果。這種嫉妒出自 agape 的愛，它不是愛的反義詞，而是強烈的愛所帶出的衍生物，是 agape 之愛的彰顯，正是這 agape 之愛把祂帶上了十字架。我們的神以熱烈、而且嫉妒的愛愛著我們。

以上的講解有幫助你明白聖經中神的震怒嗎？我們最強烈的渴望和嫉妒都無法與神的相比。在十字架上，耶穌替代我們承受了神的震怒，正是在這種可畏的震怒中我們看見了祂的熱切。神無法忍受我們在魔鬼的懷抱中，所以祂花盡全力完成了一個望而生畏的獻祭，為我們的罪負代價，砍斷了我們的鎖鏈，並複合與接納了祂新娘的愛。

最後這勝利的結局反映在西番雅書 3 章的預言中：

> 耶和華說：「你們要等候我，直到我興起擄掠的日子。因為我已定意招聚列國，聚集列邦，將我的惱怒，就是我的烈怒，都傾在他們身上。我的忿怒如火，必燒滅全地。那時，我必使萬民用清潔的言語，好求告我耶和華的名，同心合意地侍奉我。」……錫安的民哪，應當歌唱！以色列啊，應當

> 歡呼！耶路撒冷的民哪，應當滿心歡喜快樂！耶和華已經除去你的刑罰，趕出你的仇敵。以色列的王耶和華在你中間，你必不再懼怕災禍。當那日，必有話向耶路撒冷說：「不要懼怕！錫安哪，不要手軟。耶和華你的神是施行拯救、大有能力的主。他在你中間必因你歡欣喜樂，默然愛你，且因你喜樂而歡呼。」（番 3: 8,9,14-17）

這就是那熱切的愛，感動先知述說出來；這就是那嫉妒的愛，讓祂兒子走向了死亡；就是那深深渴望的愛，讓教會去向全世宣揚天國的福音。在主耶穌再來時這愛將得到最終的勝利。

神祂喜悅著我們的愛

讓我問你一些問題，對於那些愛祂的人，神的回應是怎樣的？對於神本身，這告訴了我們些什麼？關於祂對我們的愛方面，這又告訴了我們些什麼？

> 忍受試探的人是有福的，因為他經過試驗以後，必得生命的冠冕，這是主應許給那些愛祂之人的。（雅 1:12）

> 我親愛的弟兄們，請聽，神豈不是揀選了世上的貧窮人，叫他們在信上富足，並承受它所應許給那些愛祂之人的國嗎？（雅 2:5）

> 若有人愛神，這人乃是神所知道的。（林前 8:3）

那些愛神的人必會得獎賞。神願賜給我們生命的冠冕，賜下國度為我們的產業。祂特別關注著那些愛祂的人，這裡講到神特別喜悅那些愛祂的人。祂不僅愛我們，祂還喜悅我們對祂的愛！祂非常喜悅我們對祂的愛，這帶出了祂從心底裡所發出的回應。實際上，耶穌已經去為我們預備地方了：

> 我去原是為你們預備地方去。我若去為你們預備了地方，就必再來接你們到我那裡去；我在哪裡，叫你們也在那裡。（約 14:2 下-3）

根據祂作王的權柄，與之匹配的智慧，按照祂自己所喜悅的——神決定祝福那些凡是愛祂的人。

> 如經上所記：「神為愛他的人所預備的，是眼睛未曾看見，耳朵未曾聽見，人心也未曾想到的。」（林前 2:9）

令人驚訝的是，神如此的愛我們，祂欣賞著、歡喜著、並且主動地回報著我們的愛。對於那些愛祂的人，神以不同的方式來顯明祂的愛。祂用我們可以了解的方式來表達祂對我們的愛。像每個愛人一樣，祂希望祂所愛著的人能夠明白、欣賞祂的愛。

神的愛應使我們歡喜，就像這節經文：

> 願他用口與我親嘴，因你的愛情比酒更美。（歌 1:2）

我們的愛使神喜悅，就像這節經文：

> 我妹子，我新婦，你奪了我的心！你用眼一看，用你項上的一條金鍊，奪了我的心。（歌 4:9）

祂以同樣的方式來親近那些親近祂的人（雅 4:8），所以祂以極大的喜樂回應我們的愛，以各種各樣的方式來表達對我們的欣賞。神喜悅著我們對他的愛。

神愛的其它方面

我們已經講到神愛的幾個方面，這些都不能完全詳盡的闡述神的愛。事實上，我們還可以再查考和擴大的去詳述我們前幾章的議題，你會發現那些都是神愛的真理，比如，神的愛是**為父之愛**。

> 又有聲音從天上來說：「你是我的愛子，我喜悅你！」（可 1:11）

> 你們雖然不好，尚且知道拿好東西給兒女，何況你們在天上的父，豈不更把好東西給求他的人嗎？（太 7:11）

神的愛是**親切真誠**的，祂就像朋友一樣愛著我們：

> 耶穌素來愛馬大和她妹子並拉撒路。（約 11:5）

> 他（亞伯拉罕）又得稱為神的朋友。（雅 2:23 下）

> 我朋友亞伯拉罕（賽 41:8 下）。

我們也發現，神愛我們是**有原因的**。

> 父自己愛你們，因為你們已經愛我，又信我是從父出來的。（約 16:27）

根本上來說，當我們探討聖經時我們會察覺，神的愛是極為真實的，它是那樣的強烈、活潑、深厚、親切並充滿依戀，這是對著你的愛！

神的愛是個人化的

神的愛不僅是真實的，而且還非常個人化。

保羅經常在個人化及共同化這兩個方面談及我們和神的關係。比如保羅講到「殿」時，他把共同的和個人化的兩種術語都用上了。

> 【共同的】——豈不知你們是神的殿，神的靈住在你們裡頭嗎？若有人毀壞神的殿，神必要毀壞那人，因為神的殿是聖的，這殿就是你們。（林前 3：16-17）

> 【個人化的】——豈不知你們的身體就是聖靈的殿嗎？這聖靈是從神而來，住在你們裡頭的；並且你們不是自己的人。（林前 6:19）

他講到耶穌為我們而獻上為祭的時候也幾乎是一樣，既是共同化的，也是個人化的。彌賽亞為全世界的人死，也為我死。

【共同的】——這就是神在基督裡叫世人與自己和好，不將他們的過犯歸到他們身上，並且將這和好的道理託付了我們。 （林後 5:19）

【個人化的】——他是愛我，為我捨己。 （加 2:20 下）
保羅認為彌賽亞愛了他這個人，他知道耶穌預先定下了計劃，為自己的緣故受苦獻上為祭。這不是對神愛的一個共同性的理解，而是個人化的認知。

其它的經文也證明了這種個人化的神愛和關心：

就是你們的頭髮也都被數過了。 （太 10:30）

這節經文不是在指出神的全知，它是使用一個神與人同形同性的言話來描述神。想像有一個非常愛你的人，他不但數，而且詳細地數出你頭上的每一根頭髮。我們的主不僅知道我們的頭髮有多少，祂還能指出我們每一根頭髮的數字。這就是一幅神愛你的圖畫。

要提到那些無法數算的東西，請看這些經文：

耶和華我的神啊，你所行的奇事，並你向我們所懷的意念甚多，不能向你陳明；若要陳明，其事不可勝數。 （詩 40:5）

神啊，你的意念向我何等寶貴，其數何等眾多！我若數點，比海沙更多。我睡醒的時候，仍和你同在。 （詩 139:17-18）

你的頭髮可以被計算，但神對你所懷的心思是無法計算的。即使你有方法可以算，就是如果你花費一生的時間也最多只能算到表面的皮毛。神對我們這麼多的意念就反映出祂對我們的關心的深度。全知的神正在想念著你（這讓我們想不通，但就是這樣）。因為神愛你，所以祂每時每刻都在想你！想想吧。

如果天父已經仔細的數過了你的頭髮，那麼當然你可以相信：關乎你的所有事情，對祂來說都是絕對重要的。

我們可以從聖經上的一些其它例子看到這種個人化的愛。約翰福音3章16節提到神對全人類的愛，然而，聖經中還記載了道成肉身的神（耶穌）的一些個人化的愛：例如，拉撒路和他的家人，富有的少年人等等。請思考：當耶穌在給門徒洗腳的時候，祂是一次只洗一個門徒的腳的。

> 隨後把水倒在盆裡，就洗門徒的腳，並用自己所束的手巾擦乾。 （約 13:5）

這是耶穌對他們每一個人關愛的表現，祂在服侍他們，雖然處在公共的環境下，但祂還是一次只洗一雙腳。

在約翰福音17章23節中有另一個關於神的愛是個人化的見證：

> 我在他們裡面，你在我裡面，使他們完完全全地合而為一，叫世人知道你差了我來，也知道你愛他們如同愛我一樣。

我們被神愛「就像」耶穌被愛一樣。耶穌是為天父所愛，我們也同樣如此。神給予耶穌的愛，和耶穌經歷的愛，那愛並不是虛無縹緲的，天父的愛是廣闊的。這愛充滿了忠心、關懷、情感和喜悅，這是一個極個人化的愛。請不斷的記住：當耶穌說，「我愛你們，正如父愛我一樣，你們要常在我的愛裡」（約 15:9），祂是在命令我們要常住在這種個人化的愛裡。

這些各種不同的「見證」都傳達了神愛的一個特性：它是一種個人化的愛。神要我們知道祂的愛是個人化的，祂要我們歡喜的接受這愛，祂要我們信任這愛，祂也要讓我們明白，不僅僅是「神愛世人」，而且更特別地是，「祂是愛我，為我捨己。」

神的愛更偉大

為要了解神的真愛，我們強調了我們與神之間的共同性。然而，我們也必須要提到我們與神之間的區別。儘管我們的愛和神的愛相像，神的愛也和我們的相像，但兩者之間最大的不同是在質和程度上。神是造物主，我們是受造物！

例如，我們思想，神也是，然而，祂的意念高過我們的意念，就如天高過地一樣；祂愛的能力也是如此，祂的愛比我們的愛更加長闊高深。

我們感激神的愛，但千萬不能低估了祂的偉大尊嚴和聖潔，如果你低估了神，你會錯過來自神的永恆之愛的祝福。

記著，你的神是煉淨的火焰，祂是唯一智慧與公義的神。你的神創造了整個宇宙。你需要經過啟示才能夠信任神對你是關注的，更不用說祂真的是愛你的。感謝神，這啟示是你可以得到的，它就在神的話裡，由聖靈啟示，也存在於信徒中間。

我們所描述的神是萬物（包括看見的和看不見的）的創造主，祂是亞伯拉罕，以撒和雅各的神，祂是主耶穌的父，祂是全能的，充滿了智慧，知道萬物的神，因此祂的愛充滿了來自這些屬性和活力。祂是高越一切的，但祂卻與祂所創造的萬物同在。祂是完全的聖潔。這就是以真愛來愛我們的神。祂從獨生子顯現。祂的愛是永恆的！

　　我以永遠的愛愛你，因此我以慈愛吸引你。　（耶 31:3 下）

總結

我們在這一章中的主要內容就是神的真愛。這並不是一種模仿或僅僅看起來好像是愛,神真愛你!這愛是深的、是強烈的,是充滿了情感的。這愛建基於「吸引」,它充滿著情感,滿有為父的慈愛。這是個人化,是深度的關心和付出的愛,完全傾注在**你**的身上的愛。

這就是父、子、聖靈要傾倒給你的愛。從在神話語的客觀證據裡,願信心充滿你!

思考

為你憂傷的主耶和華——神留戀過去嗎？

很難相信，下面的經文描述了一個傷心的人渴望回到過去。神對猶大的愛得不到回報，這在一個失意的愛人所講的傷心的話語中表現了出來。

> 處女豈能忘記她的裝飾呢？新婦豈能忘記她的美衣呢？我的百姓卻忘記了我無數的日子。 （耶 2:32）

> 約西亞王在位的時候，耶和華又對我說：「背道的以色列所行的，你看見沒有？她行這些事以後，我說：「她必歸向我。」她卻不歸向我。她奸詐的妹妹猶大也看見了。」
> （耶 3:6-7）

心碎的主（Adonai）

下面這節經文很有動力，從在希伯來語中有一個詞表明了神的破碎的心。如果這不是出現在聖經裡面，我不知道我是否敢這樣說。

> 「那脫離刀劍的人必在所擄到的各國中紀念我，為他們心中何等傷破，是因他們起淫心，遠離我，眼對偶像行邪淫。他們因行一切可憎的惡事，必厭惡自己。」 （結 6:9）

我們可以感受那種經歷，但是是什麼可以讓全能的神經歷這樣的碎心？是什麼樣的愛如此強烈，以至使神心碎？

1. 在本章中你學到的最重要的真理是什麼？

2. 我們講到關於神的愛是那樣地熱烈、深情、像父親一般，完全付出自己。在聖經裡還有些經文講到了神愛的其它方面，你能想到有哪些嗎？

3. 請閱讀以下經文：

   他必像牧人牧養自己的羊群，用膀臂聚集羊羔抱在懷中，慢慢引導那乳養小羊的。 （賽 40:11）

   這節經文使用了擬人法的語言來描述神對以色列的心。使用「神聽見，只會聽見更多」的原則來思考這節經文表達的神的心意，並寫下你的心得。

4. 許多人的信心對於神是真的、很個人化的愛他們存有掙扎。在你心裡是否也有些障礙，讓你不能接受神對你的愛？請描述這些障礙和掙扎。如果在你的心裡沒有障礙，請寫出你的經歷，你是如何接受了神對你的愛。

5. 本章中你最掙扎的部分是什麼？花更多的時間來學習關於這部分的經文，並把它放在禱告中。

6. 請用自已的文字解釋馬可福音 10 章 21 節，並以此作為個人的提醒及禱告：

   耶穌看著他，就愛他。

第三部分：恢復福音

第九章　　人算什麼？

人算甚麼，你竟顧念他？世人算甚麼，你竟眷顧他？ （詩篇 8:4）

在這章我們要確定的是為什麼神會愛人。在前面幾章中提到，我們愛那些我們認為可愛的（神也是如此），因此第一個要問的問題是，為什麼人是神認為可愛的？這個問題有一個非常簡單的答案，對神來說人是最可愛的，因為在所造的萬物中，人是按照神的形象所造的。讓我們進一步來看約翰告訴我們，我們的造物主「是愛」。

> 沒有愛心的，就不認識神，因為神就是愛。 （約一 4:8）

> 神愛我們的心，我們也知道、也信。神就是愛！住在愛裡面的，就是住在神裡面， 神也住在他裡面。 （約一 4:16）

神的動機與祂的本性是一致的。神是愛，因此祂創造的動機也是愛。這裡顯明了一件事：神創造你的目的就是為了愛你。

籍著道成肉身，神本性的奧秘就更完全的顯明了。 「從來沒有人看見神，只有在父懷裡的獨生子將祂表明出來。」（約 1:18）我們的主、永活的神是三位一體的（太 28:19）。 在祂整個的自我意識中，三位一體中的每一位都是在永恆、全能、全知的相互作用，在愛的基礎上完全自由的、互相的付出。祂們之間的愛在祂們熱求給於對方的榮耀中可以得到證明（約 7:18；12:28；16:4；17:5；路 12:10）。我們從在福音書中記載可以發現祂們相互之間的愛，這愛

經過宣告和顯示被表明出來。三位一體中的每一位都是被對方所欣賞的、所愛著的。神是聖潔、榮美的，並且祂按照自己的形象和樣式創造你，這是一個愛的行動，帶著愛的動機，目的是出於愛。

> 神說：「我們要照著我們的形像，按著我們的樣式造人，使他們管理海裡的魚、空中的鳥、地上的牲畜和全地，並地上所爬的一切昆蟲。」 神就照著自己的形像造人，乃是照著他的形像造男造女。神就賜福給他們，又對他們說：「要生養眾多，遍滿地面，治理這地；也要管理海裡的魚、空中的鳥，和地上各樣行動的活物。」（創 1: 26-28）

我們的神是一個萬能、充滿智慧的創造主。祂創造我們是為著一個目的：使我們為祂視為可愛的，並為祂所愛。神按著祂的形像造人是實現祂愛我們的目的。我們被神完滿的創造也就起動了、並吸引著祂的愛。神創造了我們，這顯明、也表達了神珍愛祂自己的屬性。

神愛的屬性成為了人性的精華和結晶。那些在人中的神的屬性沒有被扭曲或變形。神創造人類是使人能完美的表現那些屬性。神完全地知悉人的屬性。除人之外，沒有其它任何生物可以去完美的表現那些屬性。人類是造物範疇中的精粹。當神決定按照祂的形像進行完美的創造時，他並沒有失敗，他的創造是成功了。在祂實現了按照祂的形像創造我們的同時，他也成功的把人創造成為了在祂眼中可愛的對象。你在神眼中是可愛的！

神獨特的形象——人
詩篇 19 篇和羅馬書 1 章告訴我們，無生命和有生命的自然物都彰顯了神的榮耀和大能。

> 諸天述說神的榮耀。穹蒼傳揚祂的手段。這日到那日發出言語；這夜到那夜傳出知識。（詩 19:1-2）

> 自從造天地以來，神的永能和神性是明明可知的，雖是眼不能見，但藉著所造之物就可以曉得，叫人無可推諉。 （羅1:20）

因為大自然本身反映了神的榮耀，所以即使是如同人類的創造物，如那些「較低的生物」（包括有生命的和無生命的），也都反映神的榮耀。舉個例子，我們就拿最簡單的石頭來說，石頭存在，我們也存在，這個存在的事實反映了神的存在。神是存在的，我們也存在，石頭也是如此。

> 他們若問我說：「他叫甚麼名字？」我要對他們說甚麼呢？神對摩西說：「我是自有永有的。」又說：「你要對以色列人這樣說：『那自有的打發我到你們這裡來。』」 （出3:13 下-14）」

> 耶和華是我的岩石（詩 18:2 上）

然而在我們和石頭之間有一個主要的區別：那就是在人中有神的形象。

讓我們來看一下創世紀一章 26 節的上半節

> 神說：「我們要照著我們的形像，按著我們的樣式造人。」

不像其它的被造物，我們是所創造之中最獨特的 b'tselem: 有神的形象。人類在我們所見和所不見的領域中代表著神，人代表的是神的三個位格的形象。

創世紀中，首先顯明的是神的靈運行在創造中。然後神說話，接著祂所說的就存在了。想像一下聖靈的工作，人之被創造是去保管伊甸園（就像神管理祂所造的一樣）。人的治理、控制，與促使大自然開花結果的能力（在一定的範圍中），彰顯了神的偉大的主權。

這種有選擇的能力，或者說是自由意志，尤其是為了別人的益處而運用它的時候，這就是神形象的一部分。除了選擇，另一個能力是能夠關心別人，這包括非親屬或是各各物種。人的同情心反映了神的形象，以至於我們對創造物有憐憫心。這是一個關於神的美好形象的一個例子。這些人所具有的能力在神的眼中是非常寶貴的，是祂所愛的。人能用愛去做事反映出了造物主的榮耀。

在創世紀中我們看到的另外一點是亞當給萬物命名、區分它們。

> 耶和華神用土所造成的野地各樣走獸，和空中各樣飛鳥都帶到那人面前，看他叫甚麼。那人怎樣叫各樣的活物，那就是它的名字。那人便給一切牲畜和空中飛鳥、野地走獸都起了名，只是那人沒有遇見配偶幫助他。 （創 2:19-20）

在神創造萬物前，即當神還在計劃的時候，就已經給造物起了名字。祂說「有」就有。亞當，作為人類的先祖，當他給神所造的萬物命名的時候，他就反映了神的形象。亞當喜愛神的創造，並根據神的意來命名。萬物是為我們而造，我們為神愛的對象，同理，我們是為了神而造。耶穌是人類的「元首」，祂繼承了神的整個創建。這說明了萬物是為人而造。在保羅所領受的啟示中，這個事實再次被肯定，我們被稱為「和基督同作後嗣」的人（羅 8:17）。

人是要從萬物之中向萬物彰顯出神的形象。在有生命和無生命的自然界中，人要成為神的心、神的手和神的意。正像神在天上做成了創造之工，我們是在伊甸園（快樂的園子）裡來履行我們的任務；就好像神明白萬物，萬物也了解神的角色，我們與自然界也是如此。即使自然界不明白我們的角色時，那還是顯示了神的作為。畢竟，很多時候我們也不能完全明白神的作為。

除了有關在創世紀中的描述，我們還可以在其他的經文中發現有關人性中的神的形象。雖然我們無法在這裡把那些神的形象都一一詳細列舉，不過我們還是來看一下幾個有關人性裡面的屬神形象。

關係

透過經文我們知道，神是關係的神。從人與人的「關係」方面，反映出神是關係的神。神與人的關係是公正和慈愛的。我們與他人的關係，就要如同神與他人的關係。在人與人的關係中，神不斷的叫我們去愛、不斷的追求公義。我們能夠如此做，就是反映了祂的形象。

> 你們要聖潔，因為我是聖潔的。（彼前 1:16 下）

神和人類建立關係。像神一樣，我們和其他人也建立關係。人類和人類的社會制度是神所建立的。

> 天上地上的各（注：或作「全」）家，都是從祂得名。（弗 3:15）

> 祂從一本造出萬族的人（注：「本」有古卷作「血脈」），住在全地上，並且預先定准他們的年限和所住的疆界；（徒 17:26）

同樣，在神所設立的領域裡人們與人們之間建立關係，從而形成了社會、文化等等。就像神一樣，我們能夠建立朋友關係；就像神一樣，我們可以與動物建立關係；就像神一樣，我們可以與屬靈領域建立關係；就像神一樣，人類可以與神建立關係。繼續延伸下來，「三位一體」的奧秘會讓我們發現，神在祂自己裡面、對於祂自己也建立關係。下面的經文提供了這一點：

> 神說：「我們要照著我們的形象，按著我們的樣式造人，（創 1:26 上）

> 我又聽見主的聲音說：「我可以差遣誰呢？誰肯為我們去呢？」我說：「我在這裡，請差遣我！」（賽 6:8）

> 你們要就近我來聽這話：「我從起頭並未曾在隱密處說話，自從有這事，我就在那裡。」現在主耶和華差遣我和祂的靈來。 （賽 48:16）

> 為滄海定出界限，使水不越過祂的命令，立定大地的根基。那時，我在祂那里為工師，日日為祂所喜愛，常常在祂面前踴躍，踴躍在祂為人預備可住之地，也喜悅住在世人之間。 （箴 8:29-31）

三位一體中的每個位格都在共同工作、思考、分享，去完成祂的目標。神和祂自己建立關係。創造主要人與人之間建立的關係就像祂和祂自己建立的關係一樣。神創造了人類就是要人與祂建立關係！

> 我們如今彷彿對著鏡子觀看，模糊不清（注：「模糊不清」原文作「如同猜謎」），到那時，就要面對面了。我如今所知道的有限，到那時就全知道，如同主知道我一樣。 （林前 13:12）

神創造我們要我們認識祂，從與祂建立的關係來反映祂的形象，這種關係令天使都為之驚嘆！

> 他們得了啟示，知道他們所傳講的一切事（注：「傳講」原文作「服事」），不是為自己，乃是為你們。那靠著從天上差來的聖靈傳福音給你們的人，現在將這些事報給你們，天使也願意詳細察看這些事。 （彼前 1:12）

耶穌與天父有永恆的關係。作為一個人，耶穌和天父的關係與祂在道成肉身之前和天父的關係是一樣的。當聖靈更新了人的靈時，人可與神建立一個如同祂和祂自己建立的一樣關係，這種關係就是永恆的生命。

> 認識你獨一的真神，並且認識你所差來的耶穌基督，這就是永生。 （約 17:3）

但與主聯合的，便是與主成為一靈。 （林前 6:17）

人們能夠認識並分享神的心意，這也反映了神的形象。人可以相信神能夠完成祂的目的。人可以用誠實的心靈來理解神、來愛神。這就是真實敬拜神的實質，也是神的形象的一方面。

時候將到，如今就是了。那真正拜父的，要用心靈和誠實拜祂，因為父要這樣的人拜祂。神是個靈（注：或無「個」字），所以拜祂的，必須用心靈和誠實拜祂。 （約 4:23-24）

溝通

像神一樣，人有用語言（在一定程度上，不同種類的動物也有語言）溝通的能力。人在他們說話之前有思考的能力，人可以清楚的表達思想或者傳達一個抽象的概念給他人（神，正義，真實或是幻覺，可能性，計劃，過去的事等等）。隨著思考的能力，人可以默想、記憶、欣喜並計劃去實行神相應的命令。我們可以用邏輯來思考、總結一個抽象的理論、或去計劃並完成我們所想的事，這樣的能力與神的一樣。歷史是透過溝通得以保存；透過傳播，給予了我們跨世代的記憶。歷史使得我們能明白與感激我們的來源，也使得我們盼望未來 。

美學

神讓人可以欣賞可愛、有美感的事、愉悅的感覺、並有創造美感的能力。神創造出了美麗的自然界，並且給了我們一個能力與祂一起欣賞祂所宣告的「好」的創作物。希伯來語單詞 tov 的意思是表達一種正面的品質，它可以是一個美麗的物体或是高尚的道德。與祂的創造一樣，神賦予我們能力，使我們能創造出美麗、令人愉悅的事物。從這像神的美學能力，讓我們有了創作藝術的動力。每個民族都創作詩歌、音樂、藝術和講述民族故事。神甚至賦予了某些人特別的創造美感的能力。

> 耶和華曉諭摩西說：「看哪，猶大支派中戶珥的孫子、烏利的兒子比撒列，我已經提他的名召他。我也以我的靈充滿了他，使他有智慧，有聰明，有知識，能做各樣的工，。
> （出 31:1-3）

對還不存在的事物進行想像、計劃去實施並完成我們的目標，是有關創造力的另一個方面（與溝通方面很相近）。人可以造出一些實際的東西，比如像蓋樓、製造工具。我們有能力畫出藍圖、有能力創造、有能力發明，這些都是因為我們有神的形象。

最後讓我們思考：我們能夠享受神創造的偉觀，並認識到這是創造中神的榮耀。這種欣賞的能力給了我們一點啟示，它啟示了神對我們的感情。從美麗的創造讓我們看到了神的榮耀，這種能力就像神的能力一樣。然而，當造物主看見你的時候，祂看見了祂所創造的最高的榮耀！對祂來說，我們比世上所造的萬物都更可愛。我們是神的形象！

道德

除了本能以外，我們還有另外一個方面像神，就是世界上的每一個人都喜愛公義。雖然很多時候，公義是在文化的背景下形成，甚至它可能是歪曲的，但它仍然是我們反映神的形象的一個方面。

> 沒有律法的外邦人，若順著本性行律法上的事，他們雖然沒有律法，自己就是自己的律法。 （羅 2:14）

任何一種喜悅公義、憐憫、同情的感情，任何在這些方面願意付出行動的能力都是來於神的形象。

永恆

神的形像還有一部分，那就是祂的永恆性。神創造了人的永恆的生命。祂創造的不是短暫的生命；為了反映神的形象，我們的生命是永恆的。如果我們會消失，或者被消滅，那麼我們就不是按著祂的形象造的了，我們也就不會成為祂的新娘。永恆的生命和永恆的死亡都是在表達神的榮耀。

對神的依靠

當我們依靠神的時候，我們就像祂了。神的存在除了祂自己並不依賴任何東西。

> 神對摩西說：「我是自有永有的。」又說：「你要對以色列人這樣說：『那自有的打發我到你們這裡來。』」（出 3:14）

> 我若是飢餓，我不用告訴你，因為世界和其中所充滿的都是我的。（詩 50:12）

神呼召我們要意識到我們的生命是在神中的。曠野中的以色列被看作是神渴望要與人建立關係的一個典範（不是順服，而是依靠）。另外一個例子就是亞伯拉罕被呼召離開他所熟悉的領域（他從前的經歷），他離開後只有單單地信靠神，最終，這帶領了他進入獻祭的呼召，不僅獻上了他的過去，而且獻上了他未來的希望——以撒。

> 天使說：「你不可在這童子身上下手，一點不可害他！現在我知道你是敬畏神的了，因為你沒有將你的兒子，就是你獨生的兒子，留下不給我。」（創 22:12）

那些像亞伯拉罕一樣憑著神的存在和信心走下去的人們，反映了神的存在除了祂自己並不依賴任何東西的特性。

本章總結

有神的形像是件美好的事，因為祂是美妙的：「神為大，我們不能全知」（伯 36:26 上），祂的一切是可愛的、良好的、可讚美得、美好的。祂按照自己的形象造了我們。在人中之神的形像是可愛的，也是所所有的被造物中最為可愛的。在神的眼中我們是可愛的。

神對我們的愛是一個奧秘，這奧秘可以用祂偉大的創造力來解釋：祂造了祂眼中可愛的我們，祂造我們是為要吸引祂的愛。這個真理

可能會引起我們的疑惑，神是如何做到這一點的？祂成功地實現了
這個目標，因為祂是榮耀的創造主！

思考

> 那時，我在祂那裡為工師，日日為祂所喜愛，常常在祂面前
> 踴躍，踴躍在祂為人預備可住之地，也喜悅住在世人之間。
> （箴 8:30-31）

從上的經文告訴我們神的智慧塑造了一個人的人格。神的智慧在做什麼呢？神的智慧看到了人們，也喜歡上了它所看見的。神的智慧喜悅著我們。除了抱有屬靈的謙遜，我們就可能會想：「神啊，對不起，你是不是神志失常了。」神說：「不，這是我的智慧。」箴言第八章所說的神是如何的喜悅著智慧，智慧也同樣的喜悅著我們。那麼我想，如果這節經文是針對當時伊甸園的狀態而言的話，是沒有問題的。「是的，主，你的智慧以亞當為喜悅，亞當是單純、潔淨的，沒有犯過罪」。然而，在這節經文中我們讀到喜悅的對像是「世人（in the sons of men）」，經文記錄的不是在伊甸園子中亞當的兒子們。這節經文是指當祂的智慧與失落的人相互建立了關係時神所得到的喜悅，當失落的人們接受了「她（神的智慧）」，「她」喜悅他們。

現在，讓我們問自己幾個問題，我們願意讓這節經文來影響我們嗎？我們能否謙遜自己，放下自我的觀點來靜想與默認祂對我們的喜愛嗎？

1. 在這一章中，你學到了什麼最重要的真理？

2. 你有沒有想過，人們之所以成為了神所愛的對像是因為人有祂的形象？在正常的生活中生活的人是神喜樂的，這是什麼意思？想一想，在你渡過的一天裡，你可以使用哪些方式來反映神的形象。當你在反映神的形象時候你看到了什麼？神的感覺會怎樣？

3. 你能不能找到聖經中有關人像神（人有神的形象）的其它方面？

4. 請讀詩篇 149 篇 4 節的上半節

   因為耶和華喜愛祂的百姓

   你是否清楚的知道耶穌以你為樂？如果有，請描述你的經歷，如果沒有，你覺得這將會是一個什麼樣的經歷？

5. 在這一章中，你最大的掙扎是什麼？考慮花更多的時間來學習研究這樣的經文，並且在禱告中交託。

6. 請用自己的文字解釋約翰福音 17 章 3 節，並以此作為個人的提醒及禱告：

   認識你獨一的真神，並且認識你所差來的耶穌基督，這就是永生。

第十章　　為什麼是人

神愛世人，甚至將他的獨生子賜給他們，叫一切信他的，
不至滅亡，反得永生。　（約 3:16）

「為什麼神愛人？」這個問題我們已經問過並有了答案。下一個問題就是：「為什麼神創造了人？」

有時候，我們必須要從事情的結果來明白一個人做事的理由。假如說你是車上的一位乘客，司機轉了幾個未料到的彎，直至到了目的地你才明白轉彎的原因。這個行動的原因，也就是動機，因著它的結果才能顯明了出來。在司機轉彎的例子，轉彎的原因可能是司機突然渴望想吃冰淇淋，或者可能是他忘了什麼東西要回家去取。但他轉彎的理由可以通過他的行動的結果來理解。

當我們看經文時就會發現，神也做了一些奇妙的事。我們從那一些奇妙的「結果」揭示了祂行動的原因。舉個例子，讓我們來想一想出埃及記，為什麼神要拯救以色列？這很容易回答，因為我們已經知道這個故事的結尾：神想要他們成為祂的百姓並讓他們生活在屬於他們的土地上，這樣他們就可以敬拜、服事祂。神這樣做的動機是什麼？那就是祂渴望他們成為祂的百姓，祂愛他們，給他們做好事。這些目的都透過出埃及記中神的行動表現了出來。

同樣的，從新約中神對教會的最終計劃中，可以顯明了神做事的原因。我們來列舉出一些神眼中的教會的一些比喻：神的兒子、神的後嗣、神的朋友、神的僕人和神的同工。現在，關於「為什麼是人」這個問題又告訴了我們些什麼呢？根據這些描述，讓我們再進深一步來問：誰擁有兒子？誰擁有朋友？誰得到僕人、得到同工

呢？是神自己。再想遠一點，是誰擁有新娘？是誰得到自己的身體呢？是誰有一個聖殿、祭司的國度？是神自己。

要明白神為什麼創造，可能我們應該這樣問：神的創造是為了誰？神創造是為了祂自己、為了三位一體的神。按照神愛的本質，祂所創造出的人是送給祂的一個愛的禮物。

我們相信神的存在是三個位格：天父，聖子，聖靈。在創世以先三位一體就已經存在，祂們之間的關係是永恆的。創世以前，這個關係在神的裡面是怎樣的呢？是競爭嗎？是彼此對抗嗎？在創造天使之前，聖子和天父爭搶敬拜嗎？

我們從彌賽亞的行為和言語，知道神本身的關係是愛的關係。這是一個永恆的真理。神就是愛，道成肉身的真理是一個永恆的真理；神裡的愛是永恆的。

神的愛是動態的，活性的，建立於關係上的。當然，愛是在一個狀況中存在的，但是那一個的狀況必是動態的活性的（不是一個靜止的狀況）。創世以先，在神裡就有了一個積極主動的愛和交流。下面的描述隱含了神和祂自己的關係。

> 太初有道，道與神同在，道就是神。 （約 1:1）

「與...同在」（「道與神同在」）在希臘語中是 pros，它的意思是朝...方向、相關、面對。「太初有道，道 pros 神，道就是神。這不是在描述一個靜態的關係。Pros 描述的是彌賽亞耶穌在道成肉身之前的一種關係，這種關係永遠是面向父神的，祂喜悅在天父裡的關係，這關係並且深入在無限的啟示中，這啟示指出了天父對聖子那永恆的關係。

耶穌面向祂的父親，並且天父永遠都在接受祂的兒子。這種朝向、深入關係的行動永遠的繼續著，聖靈並在祂們中間歡喜跳躍。這滿有榮耀、充滿活力的關係從來沒有、也永遠不會停息。神不傷心、不厭煩也不孤單。在神裡面是沒有任何痛苦或需要的。

新的視角看創造

我是這樣看創造：

在父、子、靈之間永遠充滿著愛和喜樂的同時，聖父對自己說：聖靈，我想要在某種程度上來表明我對我聖子的愛，讓我們一起為他預備一位愛他的新婦，這位新婦明白聖子的榮耀，所以她完全能夠以我對聖子的愛來愛他。不僅如此，通過這位新婦對我的聖子的愛，聖子將會與我有一個共同的感受，因為聖子也是以同樣的方式來愛我的。

> 我們要歡喜快樂，將榮耀歸給祂！因為羔羊婚娶的時候到了，新婦也自己預備好了。（啟 19:7）

> 娶新婦的就是新郎，新郎的朋友站著聽見新郎的聲音就甚喜樂，故此我這喜樂滿足了。（約 3:29）

在耶穌迎娶新婦的那日，祂會是何等的喜樂和滿足！這是耶穌所得到的一個卓絕的禮物，一份愛的禮物。

天父經歷了聖子的愛和喜樂，祂也要聖子有同樣的經歷。

> 這是我的愛子，我所喜悅的。（太 3:17 下）

天父很高興去體會聖子的愛。祂愛聖子，所以祂也要讓聖子去經歷同樣的愛。為此祂造了新婦。天父想讓新婦以同樣的愛來愛聖子，像祂對聖子的愛一樣。天父把耶穌的榮耀賜給了我們。天父通過我們對耶穌的愛來付出祂對聖子的愛。祂創造我們為兒子的位份，並讓我們擁有祂對聖子的愛。因此聖子也經歷了天父的愛及角色。

> 因有一嬰孩為我們而生，有一子賜給我們，政權必擔在祂的肩頭上。祂名稱為「奇妙策士」、「全能的神」、「永在的父」、「和平的君」！（賽 9:6）

> 又說：「我要倚賴祂。」又說：「看哪，我與神所給我的兒女。」（來 2:13）

天父不僅享受著兒子對祂的愛，而且祂也歡喜的愛著兒子。以父親的身份來愛著兒子，對於神來說這是一個非常美好的經歷。他十分喜悅子。這個美好的經歷使阿爸也想讓兒子去經歷，所以父以極大的喜樂來榮耀兒子。祂如此地愛著兒子，以至於祂給兒子同等的機會使祂來享受同樣的愛；祂是如此的享受自己對兒子的愛，以至於祂決定把同樣的喜樂賜給道成肉身的兒子做為禮物；天父要為兒子成就的是那麼的美好，以至於兒子可以擁有充滿喜樂的愛，就好像祂在兒子裡面所有的愛，兒子也將會擁有愛的對象並享受像父在子裡面的喜樂一樣。

讓我們再來看耶穌的話：「我愛你們，正如父愛我一樣，你們要常在我的愛裡。」父愛兒子，充滿了極大的喜樂，專注、歡喜、強烈、親密，渴望、光明、肯定。「正如父愛我一樣...」

讓我們繼續，思想一下，在道成肉身之前，聖子對聖靈說：「聖靈，你看我的父親從我給祂的愛中有多麼的高興啊！讓我們來造人吧，成為祂的兒子，他們可以愛祂，就像我愛祂一樣。」

聖靈和聖子達成了一致，「好的！」

> 「我要作你們的父，你們要作我的兒女。」這是全能的主說的。（林後 6:18）

與此同時，父和子心心相通並說：「讓我們來為聖靈做點什麼，讓我們來給祂做一個不受約束的殿宇吧，祂可以自由的住在裡面，祂可以找到安息、可以成為家的地方。讓我們為祂做點什麼使祂可以更加自由，就好像祂在我們裡面的自由一樣，祂在我們裡面找到了喜樂，我們也在祂裡面有喜樂，讓我們也給予一些可以更增加祂喜樂的東西；讓我們為祂創造一個居所，祂可以團契、運行，就好像祂是在我們裡面運行一樣。」

豈不知你們是神的殿， 神的靈住在你們裡頭嗎？ （林前
3:16）

結論

「但是我們在哪裡可以找到這麼美好的東西呢？我們應該創造出一
個什麼呢？已經過去六天半了……」祂們看著對方然後說：

> 「我們要照著我們的形像，按著我們的樣式造人。」（創
> 1:26）

被造的人給予了三位一體的神一個美妙的愛之禮物。

察考人蒙救贖的比喻

神使用比喻來解開奧秘的屬靈事實。就像擬人的語言化來描述神的
真理（其實是更多）一樣，比喻是為了要顯明真理。來看下面的事
實：地獄可能比火更可怕！婚宴肯定不是只有食物而已。然而，火
和食物所傳達的信息分別是地獄和天堂。

讓我們再來看創造人類的目的。創造我們，神到底得到了什麼呢？
根據聖經來看，到底我們在神眼中是什麼？神怎樣看我們呢？這些
比喻可以給了我們什麼啟示呢？

人的被造讓神擁有了兒女

> 因為凡被神的靈引導的，都是神的兒子。你們所受的不是奴
> 僕的心，仍舊害怕；所受的乃是兒子的心，因此我們呼叫：
> 「阿爸，父！」 聖靈與我們的心同證我們是神的兒女；既
> 是兒女，便是後嗣，就是神的後嗣，和基督同作後嗣。如果
> 我們和祂一同受苦，也必和祂一同得榮耀。 （羅 8:14-17）

> 你看父賜給我們是何等的慈愛，使我們得稱為神的兒女！我
> 們也真是他的兒女。世人所以不認識我們，是因未曾認識
> 他。親愛的弟兄啊，我們現在是神的兒女，將來如何，還未
> 顯明；但我們知道，主若顯現，我們必要像祂，因為必得見
> 祂的真體。 （約一 3:1-2）

神擁有了一個祭司的國度

並那誠實作見證的，從死里首先復活，為世上君王元首的耶穌基督，有恩惠、平安歸與你們！祂愛我們，用自己的血使我們脫離罪惡。又使我們成為國民，作祂父神的祭司。但願榮耀、權能歸給祂，直到永永遠遠。阿們！ （啟 1:5/6）

聖子擁有了新娘

人有的最強烈的關係就是我們與神之間的關係，它也是最奧秘的關係。然而現在我們與神之間的關係只不過是神為我們預備的將來關係一個模糊的模做品。這關係超越男女之間的愛，超越任何的東西。做為耶穌的新娘，這愛是特別為我們預備的，它會遠超乎我們的想像的！

你們作丈夫的，要愛你們的妻子，正如基督愛教會，為教會捨己。要用水藉著道把教會洗淨，成為聖潔，可以獻給自己，作個榮耀的教會，毫無玷污、皺紋等類的病，乃是聖潔沒有瑕疵的。丈夫也當照樣愛妻子，如同愛自己的身子，愛妻子便是愛自己了。從來沒有人恨惡自己的身子，總是保養顧惜，正像基督待教會一樣，因我們是他身上的肢體為這個緣故，人要離開父母，與妻子連合，二人成為一體。這是極大的奧秘，但我是指著基督和教會說的。 （弗 5:25-32）

聖子也獲得了兄弟和朋友

因為他預先所知道的人，就預先定下效法祂兒子的模樣，使祂兒子在許多弟兄中作長子。 （羅 8:29）

因那使人成聖的和那些得以成聖的，都是出於一。所以他稱他們為弟兄，也不以為恥，說：「我要將你的名傳與我的弟兄，在會中我要頌揚你。」 （來 2:11-12）

你們要彼此相愛，像我愛你們一樣，這就是我的命令。人為朋友捨命，人的愛心沒有比這個大的。你們若遵行我所吩咐的，就是我的朋友了。 (約 15:12-14)

聖靈擁有了一個共同的殿和自己的殿

神的殿和偶像有甚麼相同呢？因為我們是永生神的殿，就如神曾說：「我要在他們中間居住，在他們中間來往；我要作他們的神，他們要作我的子民。」（林後 6:16）

豈不知你們的身子就是聖靈的殿嗎？這聖靈是從神而來，住在你們裡頭的；並且你們不是自己的人。（林前 6：19）

祂也擁有了一個共同的身體和自己的肢體

現在我為你們受苦，倒覺歡樂，並且為基督的身體，就是為教會，要在我肉身上補滿基督患難的缺欠。(西 1:24)

我們這許多人，在基督裡成為一身，互相聯絡作肢體，也是如此。（羅 12:5）

神說：「我使他們成為你的新娘、你的兒子、你的殿宇。」讓我再問一個問題，如果你有機會為自己選擇一個完美的人生伴侶，你會選擇一個每天都讓你咬緊牙關、必須努力才能愛上的人嗎？難道你不想選擇一個在各方面對你都有吸引力的人嗎？難道你不想選擇一個你認為是理想的人？在神創造祂的新娘時，神沒有你那般有智慧嗎？是祂缺少熱情嗎？還是祂不切實際？

斷乎不是，祂比我們都實際！另外，祂還是全能、獨一充滿智慧的造物主，祂有能力為祂兒子造出完美的新娘。所以神造人成為祂的新娘，祂完美的創造了我們，忠誠的、真實、永恆、心願、熱切的表達了祂的愛。在整個宇宙中我們是祂的最美好的創造，因祂按著自己的形象造了我們，這是最為榮耀的一件事。神的聖子配得所有的榮耀。

神是三位一體，神是最可愛、最聖潔的。神的形象也完美的塑造於創造中，是創造中最可愛、最聖潔的。創造是為了這個目的，這樣的創造是多麼的奇妙啊！按照神的形像被造是何等的美好！

不僅人吸引了神的心，就如一見鍾情，我們被造的原因也是為了享受他對我們永恆的愛。更令人驚訝的是，被造的原因也是讓神對我們永恆的產生熱情，使我們永恆的與神在一種充滿著創意，興奮，迷人，聖潔的關係中。

讓我們以同樣的邏輯去應用殿宇、身體、子民的比喻。如果你有足夠的資源，你為自己建造什麼類型的房子？你會建造什麼類型的身體？什麼樣的子女？你會喜歡你理想中的房子嗎？你完美的身體？還有你可愛的孩子們？神創造我們成為他愛的對象，這是神送給他自己的禮物。神把你造的是如此特別，以至於他可以把你帶給耶穌以此來顯明他對子的愛。

神完成了造人的所有的計劃，天堂裡為它給於不斷的回響：

> 主耶和華啊，你已將你的大力大能顯給僕人看，在天上、在地下，有甚麼神能像你行事，像你有大能的作為呢？ （申 3:24）

在一切的方面，神把人創造得可以成為他理想的新娘、朋友、兒子、祭司、兄弟、殿宇和身體。我們的創造是獨特的，是他最為完美的創造，最令他滿意的創造！

我們目前的境況

正如上一章我們所認識的，神愛人的奧秘可以從神創造萬物的目的和大能得到解答。他成功的創造了你使你為他的愛的目標。然而，想想目前人類的境況：在失落中的人仍然可愛嗎？

> 又對女人說：「我必多多加增你懷胎的苦楚，你生產兒女必多受苦楚。你必戀慕你丈夫，你丈夫必管轄你。」 又對亞當說：「你既聽從妻子的話，吃了我所吩咐你不可吃的那樹上的果子，地必為你的緣故受咒詛。你必終身勞苦，才能從地裡得吃的。地必給你長出荊棘和蒺藜來，你也要吃田間的菜蔬。你必汗流滿面才得糊口，直到你歸了土，因為你是從土而出的。你本是塵土，仍要歸於塵土。」 （創 3:16/19）

即使在失落之後，人仍然有神的形象。事實上，儘管在創世紀三章
16 至 19 節記載了給人的詛咒，但人還是有神的形象。人的痛苦反
映出了神與人和創造物的一個新關係。人是神的伊甸園，但現在的
伊甸園長出了荊棘和蒺藜。正如生孩子的過程是在痛苦中完成，神
透過耶穌的受苦帶來了重生。如生孩子的過程，現在的神與人的關
係、人與人之間關係是在一個拉力的狀態。

聖經對人類的失落的本性是不會錯誤的記載的，我們來看下面兩處
經文：

> 人心比萬物都詭詐，壞到極處，誰能識透呢？(耶 17:9)

> 就如經上所記：「沒有義人，連一個也沒有！沒有明白的，
> 沒有尋求神的；都是偏離正路，一同變為無用。沒有行善
> 的，連一個也沒有！」（羅 3 :10-12）

但是人仍然有神的形象，這裡有兩處經文可以看到：

> 凡流人血的，他的血也必被人所流；因為神造人，是照自己
> 的形像造的。 （創 9:6）

> 我們用舌頭頌讚那為主、為父的，又用舌頭咒詛那照著神形
> 像被造的人。 （雅 3:9）

由於我們追求人生的錯誤的根基，毋庸置疑的在一定程度上神在我
們身上的形象是被扭曲了，甚至可能有人會說神在我們身上的形象
是已經變態了。然而，人類仍然向萬物表現了神的屬性。從經文上
可以看到，神對我們的愛不僅無停息，而且付了大價，但我們卻將
祂那份寶貴的愛的禮物荒費於虛榮和罪惡當中。

神的新婦
讓我們再回來看在神眼中我們到底是誰的比喻。基於我們被比做是
新娘，所以他從來沒有停止愛過我們，但是我們卻變成了淫婦——
就像歌蔑，就像猶大。

耶和華初次與何西阿說話，對他說：「你去娶淫婦為妻，也收那從淫亂所生的兒女；因為這地大行淫亂，離棄耶和華。」（何 1:2）

耶和華對我說：「你再去愛一個淫婦，就是她情人所愛的；好像以色列人，雖然偏向別神，喜愛葡萄餅，耶和華還是愛他們。」（何 3:1）

主耶和華說，你行這一切事，都是不知羞恥妓女所行的，可見你的心是何等懦弱！（結 16:30）

進一步來理解，再試著去感覺在你心碎的那一刻。你曾經被你所愛的人拒絕過嗎？是否在這個時候你就馬上不愛他了？我認識一些這樣的人，他們的配偶拋棄了他們而成為了別人的伴侶，他們為此極為傷心和嫉妒。我們來這樣想：不忠的伴侶沒有失去他的可愛、他仍然是我們追求和嚮往的，在遭拒絕的配偶眼裡，這個不忠的伴侶只是愛錯了人！同樣，神仍然愛著對他不忠的人們。

因我們還軟弱的時候，基督就按所定的日期為罪人死。為義人死，是少有的；為仁人死，或者有敢作的；惟有基督在我們還作罪人的時候為我們死，神的愛就在此向我們顯明了。（羅 5:6-8）

神的兒女

從我們是神的兒女的比喻中我們知道，神對我們的愛並無停息。我們叛逆、憎恨——就像押沙龍，就像浪子。叛逆的人們傷透了神的心，失落的人們讓神十分傷痛、十分難過。

> 以色列人中，凡去見王求判斷的，押沙龍都是如此待他們。這樣，押沙龍暗中得了以色列人的心。 （撒下 15:6）

> 天哪，要聽！地啊，側耳而聽！因為耶和華說：我養育兒女，將他們養大，他們竟悖逆我。牛認識主人，驢認識主人的槽；以色列卻不認識，我的民卻不留意。嗐！犯罪的國民，擔著罪孽的百姓；行惡的種類，敗壞的兒女！他們離棄耶和華，藐視以色列的聖者，與祂生疏，往後退步。 （賽 1:2-4）

> 小兒子對父親說：'父親，請你把我應得的家業分給我。' 他父親就把產業分給他們。過了不多幾日，小兒子就把他一切所有的都收拾起來，往遠方去了。在那裡任意放蕩，浪費資財。既耗盡了一切所有的，又遇著那地方大遭飢荒，就窮苦起來。 (路 15:12-14)

神的殿

基於我們被比喻是神的殿，作為神的居所，祂一直渴望著住在祂的殿中。但我們卻讓祂的殿成了淫亂污穢的地方——就像瑪拿西，就像一個賊窩。這是神的殿！是按著祂的規範而建的，祂喜歡住在那裡，但是沒有犯下任何錯誤的祂卻不得不離開祂自己的殿。

> 並使他的兒子經火，又觀兆，用法術，立交鬼的和行巫術的，多行耶和華眼中看為惡的事，惹動祂的怒氣，又在殿內立雕刻的亞舍拉像。耶和華曾對大衛和他兒子所羅門說：「我在以色列眾支派中所選擇的耶路撒冷和這殿，必立我的名，直到永遠。 （王下 21:6-7）

看見殿裡有賣牛、羊、鴿子的，並有兌換銀錢的人坐在那裡。耶穌就拿繩子做成鞭子，把牛羊都趕出殿去，倒出兌換銀錢之人的銀錢，推翻他們的桌子。又對賣鴿子的說：「把這些東西拿去！不要將我父的殿當作買賣的地方。」（約2:14-16）

祂的回應

對這一切，神的回應是什麼呢？難道我們只是聖潔的、充滿智慧、全能者的廢棄物資嗎？不！永活的神渴望恢復婚姻的關係，祂心碎，但祂渴望祂的兒女們迴轉。祂渴望祂的殿被潔淨！祂真心的愛我們，並決定要帶我們回到祂身邊。

就是在這段經文中，我們應該讀出神的最高啟示，它顯示了神救贖的動機。

神愛世人，甚至將他的獨生子賜給他們，叫一切信他的，不至滅亡，反得永生。（約 3:16）

要使我們能更深入的明白我們在神眼中的價值，讓我們以一個新的角度來看耶穌所講的幾個比喻。

有關愛和渴望的比喻：明白我們的價值

耶穌用很多的比喻來表達神對人的愛和渴望。我們以人是為神愛的禮物的這一角度來再次思考這些故事。

天國好像寶貝藏在地裡，人遇見了就把它藏起來，歡歡喜喜地去變賣一切所有的，買這塊地。天國又好像買賣人尋找好珠子，遇見一顆重價的珠子，就去變賣他一切所有的，買了這顆珠子。（太 13:44-46）

對於神來說，我們是價值連城的珍珠。看到珍珠被遺忘在土地裡，神就變賣祂所有的，甚至不惜犧牲獨生兒子作為代價來買這塊地，收回這顆珍珠。

全知的神是最終審判者，祂知道任何事物的真實價值。這些比喻讓我們明白了我們的價值和神對我們愛的深厚程度。在神的眼中，我們的價值超越了一切。其中的奧秘是：這一切也包括了祂的獨子，為了我們神差祂的兒子降世。

在路加福音 15 章，耶穌因和罪人接觸而遭到批評，祂以三個比喻來回答那些批評者。很顯然，他們認為神蔑視、棄絕那些污穢的罪人，他們因此也認為義人應該斷絕與罪人的來往。

首先耶穌講了失羊的比喻，然後是失錢的比喻，最後是浪子。在每一個例子中，牧羊人、婦人，還有這個父親都是在他們找到自己所失去的之後舉行了一個慶祝聚會。講述了前兩個比喻以後，耶穌就告訴我們說：一個罪人悔改，神的使者也是這樣為他歡喜。在浪子的比喻中他闡釋了當父親決定用盛宴來慶祝兒子歸回時的喜樂。看，天使沒有理由不歡喜，因為在天上天父已經預備了歡慶筵席。

天父沒有厭棄和拒絕罪人，而是熱心的尋找他們。神的愛不會改變，祂現在對你的愛，就像當時祂拯救你的時候的愛一樣。請記住浪子的比喻，我們敢說神的愛是「現在」的愛，就是這愛現在正在尋找你，祂的心正在飛向你，神要你現在來認識祂的愛。我們的天父等待我們向祂仰望，如此神可以把祂的愛顯明給我們看。就是現在，不管你做過什麼，不管你有多迷失，你可以向祂仰望，來開始經歷神「現在」的愛。

透過這些比喻我們可以知道，神對罪人的愛並沒有停息。神的愛正在堅定不移的向你招手。此時，神的愛正在尋找著、渴望著祂所創造的每一個人。

複習

人是為神的愛所造。神塑造我們也使我們為祂的禮物。我們是完美的為神所造。儘管我們失落，在神眼中我們仍然是可愛的。祂的愛是不改變的，祂不會因為我們失落就停止了對我們的愛。相反，祂那破碎、渴望的心在思念；祂那憧憬的愛在尋找。通過耶穌基督在十字架上完成的工作，神在吸引，呼喚著我們，祂為我們能回到祂身邊開闢了一條道路。

重溫約翰福音三章 16 節

讓我們用一個新的角度來看約翰福音三章 16 節，並以此來結束本章。這段簡短的經文包含了簡單的福音，從中有一個重大的有關神對人類的動機的啟示。或許因為我們太熟悉這節經文，因此我們錯過了神對人類的真正動機—神對人類的動機就是愛。這節經文是這樣的：

> 神愛世人，甚至將祂的獨生子賜給他們，叫一切信祂的，不至滅亡，反得永生

雖然這段簡短的經文讀起來很容易，也很易懂，但是人們常在潛意識中用別的意思來代替它的本面含義。

來看以下八種說法，這些說法認為約翰所寫的神對人類的動機 不是愛，而是別的：

1. 神並不是因為很渴望得到敬拜，所以祂才差遣祂的兒子來到世上。這不僅僅是為了對祂的讚美......

   神渴望祂的名得榮耀，所以祂創造了一些人圍繞著祂的寶座來讚美祂。但是他們失落了，神就想拯救他們以完成祂起初造人的目的，所以祂將獨生的兒子賜下，叫一切信祂的都不至滅亡，如此便可以永遠敬拜、讚美祂。

2. 並且，神並不是在找一個合適的機會來彰顯他的全能。約翰福音三章 16 節並不是說神為了要顯示祂有多大的特權。這節經文不應該這樣來讀：

   神是如此的想要彰顯祂的全能，所以儘管祂不愛這個世界，祂也賜下他的獨生子，並揀選人來相信祂，這些被挑選的人不至滅亡而是來證明祂永遠的全能。

3. 神也並不是看中了我們的潛能，才賜下祂的獨生兒子。約翰福音三章 16 節並不是這樣說的：

神看中了人類的內在潛能，所以祂施行拯救。祂咬緊牙、堅定了祂的意志把獨生的兒子賜給祂並不喜歡的人類，好叫信祂的不至滅亡而是完成他們的潛能，最終使他們成為神兒子的形象，導致他們變的可愛。

4. 這也不僅僅是神可憐我們的處境和命運，所以才有的感動。

   因為神是如此的憐憫那些失落的人類，他不願人們走向罪有應得的地獄受永遠的折磨，所以祂賜下了獨生的兒子，叫信祂的人不至滅亡反得永生。

5. 神也不是為了讓萬事皆好，才把祂的兒子釘在十字架上。

   因為神是如此的渴望萬事皆好，以至於祂賜下獨生子來驅逐邪靈。如果你相信的話，包括相信你的罪和失落的本性，你將會有永生。

6. 他拯救我們的動機不是為要透過我們來運用他的能力和權柄。

   因為神是如此的想要藉著對人類的救贖來使用祂的能力和權柄戰勝魔鬼，以至於祂賜下獨生兒子，叫一切信祂的不至滅亡，而是實現祂的國度，並對萬物使用他的權能。

7. 耶穌蒙差遣的目的不是為要我們成為完美。

   神渴望改變人類使人類變成為祂兒子的形象，以至於祂賜下獨生兒子，叫信祂的不至滅亡，好顯明神兒女的榮耀，並且對其他的卑微生命來彰顯祂在人中的屬性。

8. 也不是因為祂是極其的完美，所以祂差遣了自己的兒子。約翰福音三章 16 節不是說：

   因為神是極為完美的，所以祂賜下獨生子，叫一切信祂的，不至滅亡，反得永生。

那麼，聖經上確實說我們有很大的潛在能力，我們也知道神非常完美，值得我們讚美的。神會改變我們，並要我們和祂一同掌權。但這些並不是父差遣子的目的。天父，至奇妙的這一位，祂**愛**我們。我們的救世主已經救贖了我們，祂將會帶我們回到他身旁。

正如經文所述：

> 神愛世人，甚至將祂的獨生子賜給他們，叫一切信祂的，不至滅亡，反得永生。

認識了神對人類的愛，為神的朋友、新娘、聖殿、兒子、和按照祂的形像被獨特的創造的我們，可以恢復在約翰福音三章 16 節中宣告出來的福音。為了愛... 祂的付出是為了愛。是為了我們。這就是彌賽亞耶穌的福音。

總結

人是為神的愛所造。我們是神的形象。被完美塑造的我們吸引著祂的愛。神創造我們是給祂自己的一個珍愛的禮物。我們是完美的造給神的。儘管我們失落了，我們仍然在神的眼中是可愛的，並沒有因為失落就不可愛。相反，祂破碎的、專注、渴望的心一直在思念著、呼喚著…… 神會從在髑髏地所成就的事去完滿祂最終的心意。祂對我們的愛的根源於創造，由救贖而實現。

> 造作你，又從你出胎造就你，並要幫助你的耶和華如此說：「我的僕人雅各、我所揀選的耶書崙哪，不要害怕！（賽44:2）

> 耶和華卻定意（注：或作「喜悅」）將他壓傷，使他受痛苦；耶和華以他為贖罪祭（注：或作「他獻本身為贖罪祭」）。他必看見後裔，並且延長年日，耶和華所喜悅的事必在他手中亨通。他必看見自己勞苦的功效，便心滿意足。有許多人因認識我的義僕得稱為義，並且他要擔當他們的罪孽。（賽 53:10-11）

> 耶穌說：「人子得榮耀的時候到了。我實實在在地告訴你們：一粒麥子不落在地裡死了，仍舊是一粒；若是死了，就結出許多子粒來。（約 12 :23-24）

神要你認識祂的愛。

思考

彌賽亞談到神的目標是要恢復失落的人們與祂之間的關係：

> 正如你曾賜給祂權柄，管理凡有血氣的，叫祂將永生賜給你
> 所賜給祂的人。認識你獨一的真神，並且認識你所差來的耶
> 穌基督，這就是永生。 （約 17:2-3）

神正繼續的在實現這目標，我們要參與神的工作去完成這目標。當
我們認識到神為愛以至祂心碎時，我們會渴望的回應祂的愛。我們
會共享祂的心思和祂的使命；我們會珍貴和欣賞他人，因為神也以
同樣的眼光來看他人。

神在尋找那些歡迎祂的愛並讓祂的愛進入他們的生命裡去愛失落的
人們的人。從我們與神的事奉中，神的大能必將耶穌的救贖工作得
到祂計劃的結果。神的新婦返回，祂的兒女回家；祂的殿被打掃乾
淨、迎接祂進來居住。你也可以進入神的愛中。讓我們開始以祂的
愛來接受失落的人。讓我們開始來認識使神心碎的這份愛。加入祂
的工作：帶人類回返神！

1.   在這一章中，你學了什麼最重要的真理？

2.   關於聖經中對人類的目的的比喻：我們是神的身體、朋友、
     祭司的國度。為了神，神完美的塑造了我們。從中選出一個
     來應用，我們是神完美的身體、完美的朋友和完美的祭司的
     國度，這些又是什麼意思？

3.   請讀羅馬書 15 章 30 節:弟兄們，我藉著我們主耶穌基督，又
     藉著聖靈的愛，勸你們與我一同竭力，為我祈求神。

     在這一節中很清楚地提到「聖靈的愛」，有時候，我們很容
     易忽略三位一體當中聖靈的重要性和角色。你認為「聖靈愛
     你」是什麼意思？神的靈對我們的愛又是怎樣的？

4. 人是三位一體的神給祂自己的一份愛禮，這是一個很大的概念。撇開我們的罪、失落的本性、以及對神回應的無能為力，你認為神對於給祂自己的這份愛的禮物做何感想？

5. 我們像神的另一個方面是當我們把自己做為愛的禮物獻給神的時候，羅馬書 12 章 1 節這樣說：所以弟兄們，我以神的慈悲勸你們，將身體獻上，當作活祭，是聖潔的，是神所喜悅的；你們如此事奉，乃是理所當然的。

   你認為主對這樣的舉動有什麼感受？

6. 本章中，你最掙扎的部分是什麼？請花更多的時間來研讀有關這一主題的經文，並在禱告中交託。

7. 請用自己的文字解釋約翰福音三章 16 節，並以此作為個人的提醒及禱告：

   神愛世人，甚至將祂的獨生子賜給他們，叫一切信祂的，不至滅亡，反得永生。

第四部分： 追求

第十一章　克服障礙

耶和華靠近傷心的人，拯救靈性痛悔的人（詩 34：18）

我們將要結束關於神愛的查考（我們不過只是觸及了這個話題的表層而已），其實有關這個主題還有很多可說，但是我們相信到現在為止的學習已提供給你了一個燃料使你能重新的開始去認識神的愛。透過這個基礎，你不但得以造就，而且還能去造就別人。在我們結束之前，我想為你提供一些實際方面的幫助來使你去更美好的追求與認識神的愛。我也想幫助那些可能會這樣說的人——「我真想得到神的愛，可是我好像就是不能對接受這份愛有所突破。」

因為在新約中，神的愛是每一個信徒的共知，讓我們以認識並承認「這份愛是為我預備的」來開始，來思考這幾章裡面神的話，讓這些話語提升你的信心。基於這一點，你來看下面的信息，並開始努力來理解、親身的去接受神的愛。

障礙

當你調整自己去接受神的愛時，也許會遇到一些障礙。因此耶穌教我們禱告說——願父的國降臨，願祂的旨意行在地上如同行在天上。祂這樣做的原因是因為神的國正在和這個失落的世界爭戰。我們將會看幾個最常見的攔阻，可能在你尋求去接受這些真理的時候你已經遇到過這些攔阻了。

神的仇敵

神的仇敵試圖阻止我們去領會神的愛，從起初牠就抨擊神的美善。

蛇對女人說：「你們不一定死， 因為神知道，你們吃的日子眼睛就明亮了，你們便如神能知道善惡。」 （創 3：4-5）

牠仍然試圖在歪曲神的良善、神的愛。撒旦一直想捆綁並蒙蔽我們，抑制我們與神建立正義、信任的親密關係。撒旦想讓我們向他下拜、為他的奴役。他企圖要盜取神的話語。

這比喻乃是這樣：「種子就是神的道。那些在路旁的，就是人聽了道，隨後魔鬼來，從他們心裡把道奪去，恐怕他們信了得救。」 （路 8：11- 12）

魔鬼要奪走神給你的愛的言語。通常，越是重要的教導越會遭到抵擋。有關神愛的信息很重要，所以會受到抵擋。仇敵會去爭議神的話語，我們要堅定的信任聖經裡的記載。

那落在好土裡的，就是人聽了道，持守在誠實善良的心裡，並且忍耐著結實。 （路 8：15）

要持守這信息，不讓仇敵搶了你。耶穌說有人聽道後持守在誠實善良的心裡，為什麼這不能是你呢？複習你所學的，分享你所了解的真理，求神將祂的愛賜給你並給你信心。像財寶一樣守住神的話語，不要丟棄，「要持守。」基於神對你的愛這一真理，以信心行事，持守到底！

錯誤的教導

仇敵使用的一個詭計（林後 2：11）是不斷散佈被曲解的 agape 之愛的定義。撒旦從起初就惡意的委曲真理（創 3：4-5），令人難過的是很多教會的教師已經不再講論神的愛這個重要的主題。教會中，講解神愛的錯誤和錯誤的教導重點是普遍的，併且大部分的信徒也不看重這個主題。有些人甚至認為把焦點放在神的愛上會阻礙你為主的服事的成效。這是多麼錯誤的觀念啊！

如果我們沒有堅定的把持住神的話語，並且沒有讓神的話語來指導我們的理解和實踐，我們將會失去在這裡學習到的基本課程。我們要像庇哩亞人那樣的學習：

> 甘心領受這道，天天查考聖經，要曉得這道是與不是。
> （徒 17：11）

這是一個呼召，它呼召你要去堅持和熱心的追求你所接受的真理。查考有關神愛的經文，讓這道（不是人的教導，也不是他人的經驗）來主導你在有關神愛方面的信仰。積極的把握住你所獲取的認識，將經文深植在你的生命裡，用神的話語來衡量一切事物，「領受那所栽種的道」（雅 1：21）。

值得注意的是神呼召我們每個人要去教導別人。我們「本應該作師傅」（來 5：12），但神還是將有經驗的、有恩賜的教師賜給教會（弗 4：11）。每個人都要為自己所說的話在神面前交賬（太 12：36），根據這一點，這裡是在勉勵每一個信徒，特別是那些被呼召傳神道的人（徒 6：4）。下面是使徒對於有關這個方面的話題的勉勵：

> 你從我聽的那純正話語的規模，要用在基督耶穌裡的信心和愛心，常常守著。從前所交給你的善道，你要靠著那住在我們裡面的聖靈牢牢的守著。（提後 1：13-14）

> 你當竭力在神面前得蒙喜悅，作無愧的工人，按照正意分解真理的道。（提後 2：15）

當然，關於神的愛的任何真理都能使得信徒的教會更加堅固。甚至從於聖經之外的定義也能見證天國的真實性。並且，聖靈在我們生命裡面的神聖經歷並不是單取決於「正確的理解」或「正確的解釋」。然而，我還記得當我聽到假冒的愛高於真愛的錯誤定義的時刻，我覺察到這樣的錯誤教導其實就是「自高之事」（林後 10：5），這些被高舉的堅固營壘攔阻了人對神的認識。如果真理使我們得自由，如果神讓我們以祂的愛為基礎來認識祂的話，那麼來攔

阻我們的最好策略就是去曲解「agape」這個詞的定義。請鼓勵自己去複習在本書中所領受的教導,閱讀並禱告。摒棄錯誤的教導,建立真理,教導真理,和他人一起經歷這真理。

> 我們爭戰的兵器,本不是屬血氣的,乃是在神面前有能力,可以攻破堅固的營壘,將各樣的計謀,各樣攔阻人認識神的那些自高之事,一概攻破了,又將人所有的心意奪回,使他都順服基督。(林後 10:4-5)

我們自己

攔阻我們親自的去認識神的愛主要是我們自己。

> 人的心比萬物都詭詐,壞到極處,誰能識透呢? (耶 17:9)

從最基本的來講,沒有神我們就無法明白祂的愛。我們都具有律法主義、懶惰、懷疑和罪的趨向。如果我們依靠自己,我們就不會去注重認識神的愛。

讓我們回想天國的比喻,也就是撒種的比喻。當我們讀這段神的話語時,它提醒了我們,我們的生命沒有被神的話語改變是不僅因為魔鬼的攔阻。彌賽亞讓我們了解到另外的兩個原因,這兩個原因都跟我們的心有關。

> 那些在磐石上的,就是人聽了道,歡喜領受但心中沒有根,不過暫時相信,及至遇見試煉後就退後了,那落在荊棘裡的,就是人聽了道,走開以後,被今生的思慮、錢財、宴樂擠住了,便結不出成熟的子粒來。 (路 8:13-14)

我們自己的心讓我們無法去獲得這愛。我們必須作出一個決定,然後帶著決心竭力向神求恩典和啟示。藉著耶穌十字架和復活的工作,我們能夠得到滿溢的恩典。事實上,我們已經是「恩上加恩」(約 1:16)了,神願意給我們「能力去明白」(弗 3:18)。祂叫「飢餓的得飽美食」(路 1:53)。

定罪

我們的行為和態度經常表現出的是以自我為中心的愛。作為神的形象，我們的呼召是去彰顯充滿榮耀的神的屬性，然而我們在行為和態度上都虧缺了神要我們彰顯出來的榮耀（羅 3:23）。因此有時，我們故意離開神，這就為我們內心的潛意識豎立了定罪的根據。如果這是你的經驗，你就要像浪子一樣向神回歸，你的天父正盼著你歸來；如果你犯了罪，但你轉向神求祂潔淨，天父會願意再次肯定祂對你的愛。閱讀歌林多後書二章 8 節：

> 所以，我勸你們要向他顯出堅定不移的愛心來。

同樣，教會應該用 agape 的愛來肯定一個罪人的回轉，如此，你的天父將更是會接納你、肯定你！浪子的比喻是寫給你的，你可以確定神將會同樣的接納你。

> 於是起來，往他父親那裡去。相離不遠，他父親看見，就動了慈心，跑出抱著他的頸項，連連與他親嘴。 （路 15：20）

耶穌在祂的比喻中總是涉及一些「普通的」人物。我聽過一個不太可能會發生的故事，是關於一個聖潔的父親，很多次站在陽台上焦慮的凝視著遠方。我對此心存懷疑！我敢打賭很多個夜晚父親和大兒子在餐桌旁詳細的談論著浪子應該受的懲罰，如果浪子回來，他們該如何對待他，該如何讓他償還他所作的一切。很多次，他的父親想要扭斷小兒子的脖子，如同他的小兒子扭斷了他的心。

但是有一天，他準備去看查他的田地的時候，他不經意的朝路上看了一眼。他看到一個熟悉、疲累的步伐。父親情不自禁，內心突然澎湃起來。憐憫的父親的本性從他的內心湧流，讓他不由自主跑到路上，面對面的、看著他那瘦骨嶙峋的兒子。

當他倉促蹣跚的跑向他兒子的時候，這位父親在心裡想，他真不敢相信自己竟然會跑向他的小兒子。在他的心裡他曾經預先安排好了計劃去報復這個叛徒，去責備這個忘恩負義的人。在他喘著氣跑向他兒子的時候，「憐憫」是他的想法，眼淚從他的兩頰流下來。本

來已經預備好要用存在內心已久的嘲笑、去諷刺和苛刻的責罵他，但是這時他憐憫的心勝過了自尊，他發現自己正抱著自己的孩子，止不住的親他，這個好的抉擇讓他自己都覺得不好意思，他完全饒恕了他的兒子。

大部分的人在讀浪子的故事時都認為在故事中的父親是理想和完美的天父。但是，想一想那個不正直的官、老謀深算的珍珠商人、不義的管家、尋找失錢的女人，還有那些在君王的比喻裡出現的角色，這些人物都距離完美相差甚遠。在讀浪子的故事的時候，我們應該產生這樣的疑問：「如果一個受過傷害、心中充滿懷恨的父親能如此接納他那悖逆、自戀的兒子，更何況我們在天上的父呢？」

哪裡有責備？哪裡有譴責？哪裡有指責說「我早就告訴過你」？

注意這個以比喻的形式對阿爸的反應所進行的描述。浪子的父親看到了他兒子當時的狀態，他所看見的使他動了憐憫之心。憐憫之心驅使這位父親跑向、擁抱並親吻這個曾經使他心碎的兒子。

但是這個敗家子的境況如何呢？浪子將他的產業完全揮霍一空，他已經失去了家人對他的尊重，他唯一做對的一件事就是迴轉，儘管他的真正動機還不是最好的。

浪子不但個人得到接納，而且他的身份也得以恢復。

> 父親卻吩咐僕人說：「把那上好的袍子快拿出來給他穿，把戒指戴在他指頭上，把鞋穿在他腳上，把那肥牛犢牽來宰了，我們可以吃喝快樂。因為我這個兒子是死而復活，失而又得的。」他們就快樂起來。 （路 15：22-24）

> 你們雖然不好，尚且知道拿好東西給兒女，何況你們在天上的父，豈不更把好東西給求他的人嗎？ （太 7：11）

看這位可憐的父親是如何的接納他那走歪路的兒子，何況你們在天上的父豈不更加滿有慈愛的接納你們呢？這是一個講述關於我們天父的故事，這也可能成為你的故事。

> 惡人當離棄自己的道路，不義的人當除掉自己的意念。歸向耶和華，耶和華就必憐恤他；當歸向我們的神，因為我們的神必廣行赦免。耶和華說，我的意念非同你們的意念，我的道路非同你們的道路。天怎樣高過地，照樣我的道路也高過你們的道路，我的意念也高過你們的意念。 （賽 55：7-9）

我想鼓勵你去思考「你的天父豈不更接納你」這句話。如果你還在因為你沒有愛的行為、沒有完全的奉獻、或是反叛...這些罪惡感中掙扎，不要讓這些攔阻你迴轉到主的面前，你的神會跑的迎接你！

拒絕、及其它情感上的束縛

除了罪惡感，人們可能對神有各種各樣的個人想法和看法，那些想法和看法或許會攔阻他們來到神的面前。讓人驚訝的是，有時我們會去相信那些謊言，即使神的話很清楚的講述了祂的屬性和本質。有多少的信徒認為他們的個人情況很特殊，特殊到神的愛這樣的好消息都不能幫助他們？由於個人的想法因而拒絕神，或者有個人情感上的束縛，都能攔阻人們與有愛心的神建立關係。

讓我們再回顧一下浪子的故事。如果神能用這樣的方式來接納一個罪人的話，你認為祂又會如何接納那些願意去服侍祂、竭力討祂喜悅、以及那些真正從叛逆中悔改的人呢？神會不會對那些經歷困難的人給予較少的愛呢？神會怎樣回應那些人呢？

看耶穌怎麼說：「祂差遣我使那受壓制的（傷心的）得自由」（路4：18）。難道這聽起來是在拒絕你嗎？耶穌受差遣是為了找到你！祂正在尋找你！（路 15：4，8；19：20）當你帶著一顆破碎的心來到祂面前的時候，你認為祂會離開你嗎？讓我們來看一下聖經裡的見證：

耶和華的靈在我身上，因為耶和華用膏膏我，叫我傳好信息給謙卑的人（或傳福音給貧窮的人），差遣我醫好傷心的人，報告被擄的得釋放，被囚的出監牢。 （賽61：1）

耶和華靠近傷心的人，拯救靈性痛悔的人。 （詩34：18）

祂醫好傷心的人，裏好他們的傷處。 （詩147：3）

神所要的祭就是憂傷的靈，神啊，憂傷痛悔的心，祂必不輕看（詩51：17）

耶和華說「這一切都是我手所造的，所以就都有了，但我所看顧的就是虛心痛悔，因我話而戰兢的人。」（賽66：2）

到我這裡來的，我總不丟棄。 （約6：37）

有時侯，那些試圖去否定耶穌的人很有觀察力。例如在路加福音 15 章 2 節中我們看到了一處對耶穌控告的記載：「這個人接待罪人，又同他們吃飯。」耶穌並沒有跟他們爭論，事實上，我們發現在耶穌升天以後，這位榮耀的主懇求「開倒車」的教會為祂開門，這樣祂好進去與他們一同坐席（啟3：20）。耶穌從不改變！

要能接受神的愛，你需要調整思想，並要將神的話語放置於比你的問題、和恐懼的經驗更高的地位。經文中關於神愛的見證是確實的，神證明了祂的誠心。神接納每一個破碎的心，是真實的好消息。你要相信這本書的記載，如果仍然有信任的困難的話，你至少要讓你的心去盼望。

不要繼續將自己關閉在破碎的心和不信的裡面，開始求神讓你得自由。相信那位能使最惡的罪人悔改的神，能恢復你的屬靈的健康。挑出本書中的一些重要經文，牢記它。請把這些經文個人化：「神愛_____甚至將祂的獨生子賜給我。」現在把你的名字放在劃線部分的空白處。深思神對你的愛，專心的思考不僅能夠建立你對神的

話語的信心，並且會向你揭示神的屬性和心意。當你覺得神對你漠不關心、甚至討厭你、或拒絕你，那麼就深思約翰一書四章 16 節：

> 神愛我們的心，我們也知道，也信。神就是愛！住在愛裡面的，就是住在神裡面，神也住在他裡面。

我們要培育一個信任神的話語的生命。要向自己挑戰：「耶穌命令我要常在祂的愛裡。因此，我相信靠著祂給我的力量我能住在祂的愛裡。我感覺到我不能，沒有關係；我怕祂會拒絕我，也沒有關係，但我相信神為我預備了一條進入祂的愛的途徑！ 神的愛很廣闊，足以包容我；神的愛很長，足以伴我一生；神的愛很高，足以遮蔽我；神的愛是很深，足以支持我。」（弗 3：18）

> 弟兄們，我還有未盡的話：凡是真實的、可敬的、公義的、清潔的、可愛的、有美名的、若有什麼德行、若有什麼稱讚，這些事你們都要思念（腓 4：8）

在聖經裡神向我們顯示出祂至高的榮耀，祂是可愛的，是美好的、他是值得讚美的。當你為神的信仰而掙扎時，要把自己的思想沉浸於神的真理當中，「這些事都要去思念」。當你這樣做的時候，你就是在向信心開門，向不信關門，你在調整你自己去接受聖靈的啟示和工作。

> 主就是那靈，主的靈在哪裡，那裡就得以自由。 （林後 3：17）

你邁進的信心並信靠神的舉動是祂喜悅的，記住「神會賞賜那尋求祂的人」（來 11：6）。

饒恕

接受神的愛的另一障礙是有一個不饒恕和怨恨的心。不饒恕是一個嚴重的問題。在我們看這個問題之前，先來看聖經中一個很重要的慣例——禧年。神非常重視人和人之間和好的關係的恢復，以至於

神創立了「禧年」。禧年的範圍涵蓋了免除債務，使奴隸得自由，回歸土地於土地原所有者等。第一次提到禧年是在利未記中：

> 第五十年你們要當作聖年，在遍地給一切的居民宣告自由。這年必為你們的禧年，各人要歸自己的產業，各歸本家。（利 25：10）

以色列有義務遵守禧年的律法，如果服從這律法便可帶來祝福。但是，幾個世紀以後他們拒絕再守這律法，於是審判來到。

> 所以，耶和華如此說：你們沒有聽從我，各人向弟兄，鄰舍宣告自由。看哪！我向你們宣告一樣自由，就是使你們自由於刀劍、飢荒、瘟疫之下。（耶 34：17）

如果以色列人想得到神的祝福和恩典，就要遵守神對免除債務、恢復土地、並釋放奴隸的要求。這是律法的饒恕；在一定程度上如果他們拒絕饒恕、釋放，將會受到神的審判。神是很嚴肅的在看待禧年的律法。

為了饒恕，神給色列人定法，同樣耶穌也為了饒恕給教會定法。禧年的希伯來文是「Yovel」，表示「大發角聲」。這個先知性的呼籲就是要去饒恕別人，它像吹響的號角一樣已經從耶穌發出了。請閱讀在馬太福音 18 章 23 至 25 節中的整個比喻，這裡我們只節選幾節來查考：

> 於是，主人叫了他來，對他說：「你這惡奴才！你央求我，我就把你所欠的都免了。你不應當憐憫你的同伴，像我憐憫你嗎？」主人就大怒，把他掌刑的，等他還清了所欠的債。你們各人若不從心裡饒恕你的弟兄，我天父也要這樣待你們了。（太 18：32-35）

這裡還有一處與之對應的經文：

> 所以我告訴你們：凡你們禱告祈求的，無論是什麼，只要信
> 是得著的，就必得著。你們站著禱告的時候，若想起有人得
> 罪你們，就當饒恕他，好叫你們在天上的父也饒恕你們的過
> 犯。 （路 11：24-25）

耶穌說你必須要饒恕，如果你不想被「交給那掌刑的話」，就要饒
恕別人，這樣你也可以得到饒恕。這跟禧年的原則是一樣的：釋放
他們，要不然神就將你交於審判中。很明顯，對一個想要與神保持
關係並持續在祂裡面成長的信徒來說，饒恕別人尤為重要。

這對我們認識神的愛會有怎樣的影響呢？簡單的說，很多人很難經
歷神的愛的原因，是因為他們拒絕饒恕。我們以前曾討論過，也必
須注意的是：仇敵試圖要偷走我們心裡的神的話語。我們必須要用
心的去明白這真理，並向神祈禱使我們能持守這啟示。我們靠著信
心來禱告是因為我們信任神對我們的愛，祂也聽到了我們的請願。
但是我們也要認識到，如果我們懷恨在心的話，我們就不會得到我
們所需要的恩典。事實上，神會讓我們去經歷與我們所相反的渴
望。我們必須饒恕！

我們很熟悉像這樣的禱告：

> 耶和華啊，他們要殺我的那一切計謀，你都知道。不要赦免
> 他們的罪孽，也不要從你面前塗抹他們的罪惡，要叫他們在
> 你面前跌倒，願你發怒的時候罰辦他們。 （耶 18：23）

神呼召我們去效法更高的榜樣：

> 到了一個地方，名叫骷髏地，就在那裡把耶穌釘在十字架
> 上，又釘了兩個犯人：一個在左邊，一個在右邊。當下耶穌
> 說：「父啊！赦免他們！因為他們所做的，他們不曉得。」
> 兵丁就拈鬮分祂的衣服。百姓站在那裡觀看。官府也嗤笑
> 他，說：「祂救了別人，祂若是基督，神所揀選的，可以救
> 自己吧！」兵丁也戲弄祂，上前拿醋給祂喝，說：「你若是
> 猶太人的王，可以救自己吧！」 （路 23：33-37）

當你感覺到心內中有懷恨，要記住這個事實：長時間的怨恨會阻礙你去體驗神的愛。你須下決心去跟所有你所得罪過的和傷害你的人和好。你想不想持有神的愛呢？回答這個問題：你是不是還記得那些與你不相合之人的過錯呢？歌林多前書 13 章 5 節說：愛是不計算人的惡。你是否恨與得罪過你的人來交往？如果是這樣的話，來竭力追求和好吧！

如果關係破裂到了無法改變的境況，那麼應該怎樣追求和睦呢？可能這樣的人，不管你多麼努力的嘗試，永遠都無法和好，他完全不相信你，你也不信任他。想要和好的關係顯然超出了你的能力。他永遠無法還清所虧欠你的債，事實上，他可能認為他自己根本對你沒有任何虧欠。

請記住，即使你在與人和好的方面沒有取得一點進展，你仍然能為那些曾經傷害過你的人來祈禱。耶穌說：「赦免他們，因為他們所做的他們不知道。」我們確信饒恕反映出我們屬靈的健康狀況，對那些曾經得罪過你的人也是如此。

讓我跟你分享另外一個真理。請仔細的閱讀，因為它可能被誤認為是一種「逃避」，但它並不是。在理想的情況下，信徒的圈子裡應該能夠在每一種情況中得到和解。但是，即使我們用成熟的、有愛心、和謙卑的態度去裁定某事物的分歧與差異，但不是每一個困難的關係都能得到完滿的解決的。事實上，一些困難「關係」因為太糾纏、太主觀，所以不可能得到解決。這是不是說你就可以生活在懷恨裡呢？絕對不能，因為饒恕是神定到律法。

禧年代表著、也顯示了可以有新生的「關係」。會有一些人他們永遠都不可能償還所欠你的債，對他們來說要意識到曾經得罪過你，那是超出他們的能力之外的事情。他們也許永遠都不會意識到他們曾傷害過、或虧欠過你什麼。不管他們是否會心存感激，我鼓勵你奉耶穌的名去饒恕並免除他們所欠你的債。在某些的情況下，就算是你找十幾個人來調解，在誰欠誰、欠了什麼的問題上永遠都無法達成共同的理解。來使用禧年的原則：無論如何，帶著一顆清白的良心，在神律法的權柄下饒恕他們。

有一些人，你永遠都無法信任他們的動機，但你仍然要去饒恕。記住，饒恕是神定到律法，神命令我們去饒恕。我並不是説要逃避走十字架的路，其實這是十架道路的一部分，饒恕他們並為他們禱告，他們所做的他們真的不知道。

當我們認真及嚴肅的去和解破碎的關係與從事饒恕的時候，我們和他人的關係會經受試煉。有時我們需要求饒恕，有時我們需要去饒恕別人，也有時侯需要彼此認罪和相互饒恕。

即使是良好或善意的人也可能會因著不饒恕變得互相疏遠，其實他們並不想互相傷害對方，但問題是他們每個人均認為自己的見解是正確的。

有時候雖然相互沒有任何惡意或欺騙的手段，彼此仍然尊重及相愛，但雙方仍然不能好心好意的達成一致的和解。在這種情況下，我鼓勵每一個人去使用禧年原則：以寶血來覆蓋問題，求同存異，不要去反對彼此的立場，要像朋友一樣，一有機會必要去幫助對方。但我們應該一致同意：從教徒的愛與和睦所表達的基督共體，比彼此之間個人所得到的諒解或肯定為重要。

我知道這不是「與人和好」最完美的做法，但是它遠遠好過於逃避。雖然這不是最好的，但是真實的，你可能需要這樣去做。記住，你需要的不單只是可從人來的賠償，如果你渴望可以更深入地恢復你的關係，饒恕是第一步。要記得，因神看我們為寶貴，所以祂開了一條路來饒恕我們。有時候我們需要放棄我們認為「正確」的事情去建立正義。

可能有人傷害了你以後，還沒有來得及與你和好他就去世了，你永遠也不會聽到他對你説「對不起」。為什麼不選擇饒恕呢？除去你生命中的怨恨，從饒恕所導致的怨恨束縛的結放比他人向你還清的債更加重要。

畢竟，你想償還你所虧欠於神的嗎？已經有人為你償還了你的債務，耶穌也償還了那些曾得罪過你之人的債務。為什麼不在天父的面前去接受耶穌的為你付出的債務呢？

饒恕可清除你的障礙，讓你接納神的愛。當你釋放別人的債務的時候，神也同樣將你投放在祂的恩典和祝福中。饒恕別人（同時，也饒恕你自己）是我們能接受神愛的必要關鍵，這一點極為重要。

本章總結

神呼召我們在祂的愛裡要有根有基（弗 3：17），神呼召我們來參與我們生命房屋的建造（詩 127：1），耶穌鼓勵我們去清除那些不穩定、不牢靠的根基，這樣我們才能安息在磐石上。有些人可能要比其他的人挖得更深（路 6：48），然而，如果那個挖根基的結果能使我們的生命建立在永恆三位一體的神的愛中，那麼我們所付出的努力是值得的。

當你繼續追求認識神的愛，你可能需要去克服一些具體的障礙。要知道仇敵已經有對付你認識神愛的策略，你有沒有丟棄那些「自高之事」以及敵對神愛的不正確教導呢？你有沒有堅決的去選擇住在神的愛中？你是否信奉從神的話語中對你表達的祂的接納、拋棄你自己的拒絕的感受呢？當你想回歸到天父面前，是不是在你內心還有罪惡感，需要把那些罪帶到耶穌的十字架面前呢？是否你的不能饒恕的心導致成為一個障礙？

有時我們需要挖得更深一些才能安息在堅固的磐石上。當我們在試圖戰勝那些攔阻我們的困難時，我們會發現我們的根基變得更加牢固可靠。雖然有爭戰，但能經歷神的愛是值得付出任何代價的。

思考

為了和我們的主有一個有活力的關係，我們必須信任祂對我們所懷的意念（動機）。要認識神，必須信任祂對我們的動機，必須要建立起「誠意與信心」，下面是一個例子：

想像一下，有一個年輕的男孩熱戀著一個年輕的女孩，他去她的家，捧著花，帶著巧克力，她為他開了門，為了表達他的愛他說：「我愛你。」

「你不喜歡我，你只是想讓我鼻子過敏打噴嚏並希望我發胖！」......砰！

為什麼呢？動機被誤解了。一個人可能是真的在愛，但首先我們必須得相信這一點，也許被愛的人認為對方的愛是在試圖利用、操縱、控制和破壞，不管對方怎麼說、怎麼做，一切都被誤會了。

你的動機和他人的感知之間的差距會隨著對愛的懷疑的程度而加深。關係的惡化及疏遠是動機被誤解的結果。越重要的關係（親密），互相之間的不信任越能造成更深的隔離和傷害。

這發生在每一個關係中，你和神的關係也是如此。神愛我們，從某種程度上講，我們疑惑祂的愛，我們就會誤解祂在我們生命中的工作。你是否對主有「誠意與信心」呢？

1. 在本章中，你學到了什麼最重要的真理？

2. 對認識神愛來說，你最大的障礙是什麼？對那個障礙，聖經是如何看法？寫下來並為此禱告。跟你最好的朋友或牧師分享你生命中的問題。

3. 你是否意識到你對神的愛有一些「不信任」的地方，如何改變你的疑問成為信任並使你了解神的愛？

4. 除了本章中列舉的經文外,你還能從聖經中找到其它有關饒恕的經文嗎?寫下那些經文和你對那些經文的感想。

5. 在本章中,你最掙扎的是哪部分?花更多的時間來研讀這方面的經文,並在禱告中交託。

6. 請用自已的文字解釋林多後書 10 章 4 至 5 節,並以此作為個人的提醒及禱告:

我們爭戰的兵器,本不是屬血氣的,乃是在神面前有能力,可以攻破堅固的營壘,將各樣的計謀,各樣攔阻人認識的那些自高之事一概攻破了,又將人所有的心意奪回,使他們都順服基督。

第十二章　渴慕追求愛

所以我告訴你們，凡你們禱告祈求的，無論是什麼，只要信是得著的，就必得著。你們站著禱告的時候，若想起有人得罪你們，就當饒恕他，好叫你們在天上的父也饒恕你們的過犯。（路 11：24-25）

從上一章中我們談到了一些障礙，讓我們藉著最後一章去發掘該如何去勝過這些障礙，以及你如何把握神的愛。神在祂的話裡給了我們一些具體的指導，讓我們明白該如何與祂同行，這些指導對於你跟神的關係來說非常貴重。我鼓勵你，如果你真的想把握住神的愛，你必須走在神為你預備的道路上。

悔改並且信任

大部分人都相信馬可福音是最早的一部福音書，那我們就以耶穌在這卷福音書裡所說的第一句話開始：

> 日期滿了，神的國近了！你們當悔改，信福音！（可 1：15）

你的心的健全是與你的信心相關的。當你的信心在增長，你就能逐步認識到神對你的愛，神會在你信心的基礎上向你逐漸的啟示祂的愛。耶穌開啟了我們的眼睛，藉著信心，神進入我們的生命中。信心使神行動。神愛的啟示會回應你相似孩子般的信心，祂會回答你充滿信心的禱告。

> 耶穌進了房子，瞎子就來到他跟前。耶穌說：「你們信我能做這事嗎？」他們說：「主啊，我們信！」耶穌就摸他們的眼睛，說：「照著你們的信給你們成全了吧！」（太 9：28-29）

你可能會擔心的說，「可是我的信心很軟弱。」記得那位在聖山下
（彼後 1：18）受魔鬼折磨的孩子的父親曾說：「我信，但我信不
足」（可 9 ：24）他知道耶穌是憐憫的所以來向祂祈求。的確，你
不能只依靠自我的力量去增長信心，你可以求神幫助你不足的信
心。你已經在某些程度上信任了神的愛，對不對？如果你已經有某
種程度的相信，這是一個很好的開始，如果你繼續行使信心的話，
它就能增長。

以下是信心增長的過程。你的信心非常小，就像一粒種子。在你已
經相信的程度上開始禱告並將你的信心諸出行動——栽培和滋養那
種子，過一段時間，你就能看到增長，也會有收穫，收穫會產生更
多的種子，神給予你的啟示也會增長。撒種的結果就是收穫。如果
你藉著聖靈給予你所認識的基礎上去禱告的話，信心就會增長。阻
止撒但偷走種子。要忠心對神 。

> 那賜種給撒種的，賜糧給人吃的，必多多加給你們種地的種
> 子，有增添你們仁義的果子。 （林後9：10）

按照神顯明的旨意去祈禱（約一 5：14），從你所相信的開始。馬
可福音 11 章 24 節中表明永生的神將回應你的禱告：

> 所以我告訴你們，凡你們禱告祈求的，無論是什麼，只要信
> 是得著的，就必得著。你們站著禱告的時候，若想起有人得
> 罪你們，就當饒恕他，好叫你們在天上的父也饒恕你們的過
> 犯。 （路 11：24-25）

腓立比書第四章中告訴我們要對神所做的事感恩。

> 應當一無掛慮，只要凡事藉著禱告、祈求和感謝，將你們所
> 要的告訴神。 （腓 4：6）

在信心中行動！耶穌呼召我們行在水面上，相信祂的愛，祂的憐憫
會幫助你意識祂那豐盛的愛。記住耶穌對這個瞎眼的人所說的話。

他喊著說，「大衛的子孫，可憐我吧！」（路 18：38）耶穌有沒有憐憫呢？祂的憐憫是昔在，現在，一直到永遠。

看一下祂如何幫助了那些無助的人：

> 有一個長大痲瘋的來拜祂，說：「主若肯，必能叫我潔淨了。」耶穌伸手摸他說：「我肯，你潔淨了吧！」他的大痲瘋立刻就潔淨了。（太 8：2-3）

禱告：「主啊，如果你願意，消除我以前對你錯誤的看法，醫治我生命中因錯誤產生的影響。主啊，如果你願意，你來潔淨我。」

耶穌憐憫瞎子，醫治了痲瘋病者。你認為耶穌該如何來回應你的禱告呢？

我想指出另一件事。有些人對神愛的信心受到攔阻是因他們害怕偏離神的旨意，害怕失去服事的熱忱，害怕在一定程度上會偏離正道、導致停滯不前。然而，難道聖經裡面沒有告訴我們耶穌對我們的愛嗎？難道神沒有命令我們要常在祂的愛裡嗎？當談到耶穌愛你的時候，是什麼讓你認為那是假的？聖經裡很清楚的顯示了耶穌對我們的愛。耶穌和使徒們很深入、持續、並親身的將神的愛融入到他們的生命裡。難道耶穌不想讓我們在天父的愛中去效法祂的榜樣嗎？難道祂命令我們常在祂的愛中是為使我們不結果子嗎？如果我們真知道神愛我們，並將這一真理應用在我們生命中，我們就不再擔心會受騙。神是美善的！神會從你追求認識他的愛的過程中賜福給你和你周圍的人。信任神！

努力追求祂的愛

另外一個很實際的步驟是下定決心去努力追求神的愛。誠然，屬靈的進步不是只依賴於個人的努力，不管你多麼努力，你的努力不能令屬靈生命有所增長。保羅寫道：「只在那叫他生長的神」（林前 3：7）。但相反的說，如果沒有你的參與（工作）就沒有屬靈的成長。

> 若不是耶和華建造的房屋，建造的人就枉然勞力；若不是耶
> 和華看守城池，看守的人就枉然警醒。 （詩 127：1）

這節經文說是神在建造，但是建造的工人也要參與工作，這裡面也
包含工作。關鍵點是，我們是在為個人工作，或是與神同工？當神
介入，工作才會有成效。屬靈的成長來自神的祝福——與神同工會
帶來增長。神已經向我們顯明祂願意與我們一起同工，來幫助我們
屬靈的成長。沒有神我們做什麼都不能成功，但是有祂就有屬靈的
成長。

想要把信心的根基建立在神那裡，我們就應該充滿信心、努力並仰
賴神去明白神的愛。你想不想明白神的愛呢？下決心去做，下決心
去追求，下定決心為此更加努力。選擇與神同工，並將這種認識建
立在你的生命裡，神會幫助你。神要讓你明白祂的愛。 （約 15：
9）

一旦你做了決定，就在這個方面把自己獻給主，這是明智之舉。接
下來要做的就是：「天父，我相信你想讓我認識你的愛，我相信你
的愛是為我而付出的，我想要認識這愛。為要更好地追求這愛，我
將自己完全交託給你。」

> 願你吸引我，我們就快跑跟隨你（歌 1：4）

在我們做了這個承諾以後，還有一件不可少的，就是求神的幫助來
使我們持守在祂的愛中。我麼也注意到，如果神不參與建造房子的
話，建造者就枉然勞力。所以，我們要求神來「建造房屋。」你可
以這樣來禱告：「主啊，我知道離開你我永遠無法明白這愛，我相
信這愛從你而來，要藉著聖靈的幫助我才能明白。請膏抹我可以領
會你的愛，請幫助我努力去追求和實現這目標。」

以上這些簡單的步驟能幫助你建立一個穩固的根基去追求神的愛。

常在（住在）耶穌裡

從另外一方面來說，「追求」與維護你和神的關係有密切的關係。

在與神同工建造房屋的原則中，我們發現屬靈的成長來自於持續不斷的住在耶穌的愛裡。下面是它的過程：我們忠心的持守我們跟神的關係，花時間去面對神，花時間祈禱、研讀聖經、思想神的話語，虔誠的與其他信徒在主內相交。當我們仰靠著神的大能來回應神的愛的時候，我們就能成長。

當我們持守我們和耶穌之間的關係並住在祂裡面的時候，祂就會在我們的生命中工作。畢竟，在約翰福音 15 章中告訴我們，在你的身上要流露出耶穌的生命，關鍵是要「常在」（abiding），「因為離了我，你們就不能做什麼」（約 15：5），這使我想起了以弗所書第三章中保羅的禱告。它裡面是這樣記載的，耶穌經由聖靈的大能住在我們的心裡，賜給我們能力去明白祂的愛。我們屬靈生命的目標和意義是與耶穌保持親密的關係。當我們住在耶穌裡的時候，我們被祂的事工所改變，我們的生命被祂的靈得以堅固，我們開始明白祂的愛。我們所要做的就是靠向神！

閱讀雅各書四章 8 節，「你們親近神，神就必親近你們。」當你向神靠近的時候，祂會回應，祂會改變你與祂的關係。

禱告

禱告是我們的進入「創世之神」的領域的一個「合法的權利」。（林後 4：4）

> 全世界都臥在那惡者的手下。（約一 5：19）

> 願你的國度降臨，願你的旨意行在地上，如同行在天上。（太 6：10）

神的意旨是要請祂主導我們生活中的所有事項，就如同我們請求耶穌來拯救我們，雖然祂已經是救贖主；同樣，我們必須請求神來行使祂的主權，儘管祂是有權並且全能的神。

> 對他們說：「經上記著說：'我的殿必稱為禱告的殿'，你們
> 倒使它成為賊窩了！」（太 21：13）

在地上（撒但的領域裡）我們是神的殿，這殿是禱告之殿。你知道
你是神所愛，在這真理上向神禱告去更明白祂的愛。

約翰福音 16 章 25 節中說，「我要將父明明的告訴你們。」請閱讀
跟這句話有關的上下文：

> 這些事，我是用比喻對你們說的；時候將到，我不再用比喻
> 對你們說，乃要將父明明的告訴你們。到那日，你們要奉我
> 的名祈求；我並不對你們說，我要為你們求父。
> （約 16：25-27）

耶穌為什麼要明明的將父告訴我們呢？我相信祂要告訴我們一件事
情是「父自己愛你們，因為你們已經愛我，又信我是從父出來
的。」（約 16：27）耶穌知道天父的心，祂與天父的心相交，祂決
定要將天父 agape 的愛顯明給祂的門徒。祂的心意從沒有改變過。
神的旨意是要你認識祂的愛，因此，用信心來為你自己、為他人禱
告，神邀請我們把信心放在祂身上，請求祂進入我們生活中的每一
個事項。操練你的信心並開始向祂禱告吧！

讓我們來效法保羅在以弗所書第三章中的榜樣，並跟他一起懇求，
乞求神將他的愛顯示給你。

> 義人祈禱所發出的力量是大有功效的。 （雅 5：16）

> 我們若照祂的旨意求什麼，祂就听我們，這是我們向祂所存
> 坦然無懼的心。既然知道祂聽我們一切所求的，就知道我們
> 所求於祂的，無不得著。 （約一 5：14-15）

> 你們要呼求，禱告我，我就應允你們，你們尋求我，若專心
> 尋求我，就必尋見。 （耶 29：12-13）

如果尋求神是那麼的重要，為什麼不把它放在生活中的第一位呢？神想讓你認識關於祂的真理，祂想讓你認識祂就如祂認識自己一樣（這就是為什麼祂將祂的靈賜給你）。從保羅和約翰的書信裡我們看到認識神是我們的人生目標！（約一 3：2，林前 13：12）神知道自己是一位有愛的神。從三位一體中我們認識到了蒙福的關係：神將祂的靈放在我們裡面，藉著祂的靈我們可以呼叫祂「阿爸」，這同一位靈也在耶穌裡。

讓我們專心尋求神，這不僅是一個應該有的服從神愛的回應，而且從認識神的過程中會帶來許多對你的益處。如果你想要得到這些益處，那麼就要向神求得啟示。要誓約你的心、為你自己、你的會眾、為所有信徒來代禱；禱告尋求來認識彌賽亞的愛。

有時候屬靈的成長需要自律，甚至向自我去挑戰。如果你想要在靈裡成長，如果你想除去你心裡中去認識神愛的障礙，那麼你就要採取主動，就像在戰爭中一樣。有時我們需要用祈禱和禁食才能得勝。如果你正在突破的掙扎中，你的追求過程需要運用自律來達成突破。可以禁食並祈禱：「阿爸天父，如果這真的是和我所相信的一樣重要，請向我顯明。改變我的生命。」

通過經文來祈禱是一個尋求神愛很有幫助的方法。我們已經鼓勵你用以弗所書三章 14 至 21 節中的經文禱告。我曾經要求一班學生每天都用這節經文來祈禱達一個月之久！這看起來也許有些單調，但是，從學生們的見證來看，就是籍著這種操練他們都得到了啟示，得到堅強，並且信心也增長了。這樣做對他們來說很有幫助。

如果你是根據使徒於聖經中所寫的禱文來祈禱的話，那麼你的禱告就符合了神的心意，你可以確信這樣的禱告會得到神的回應。此外，當我們通過神的話語來祈禱，我們是在神的話語中思想，神的話語能更深入我們的心思意念，這會帶給我們神的啟示。

以下的一個為要認識彌賽亞耶穌的愛是何等的長闊高深的禱告，可以提供你一個信心的基礎，會幫助你打開神對你的啟示的門，並且能幫助你去更加的接受神的話語。我鼓勵你用聖經中有關神愛的經

文來祈禱。用加拉太書二章 20 節、約翰福音 15 章 9 節、約翰福音三章 16 節來禱告。以弗所書第三章跟追求神的愛有特別的關係。用以弗所書三章 14 至 21 節 去禱告將會對你很有幫助。

> 因此，在父面前屈膝，（天上地上的各家都是從祂得名），求他按著祂豐盛的榮耀，藉著祂的靈，叫你們心裡的力量剛強起來，使基督因你們的信，住在你們心裡，叫你們的愛心有根有基，能以和眾聖徒一同明白基督的愛是何等長闊高深；並知道這愛是過於人所測度的，便叫神一切所充滿的，充滿了你們。（弗 3：14-19）

在這個祈禱之後，保羅寫下了這樣的頌讚：

> 神能照著運行在我們心裡的大力，充充足足地成就一切，超過我們所求所想的。但願祂在教會中，並在基督耶穌裡，得著榮耀，直到世世代代，永永遠遠。阿們！（弗 3:20-21）

被神的「一切所充滿」是有可能的，因為神有能力來成就這一切。為什麼不這樣的祈禱呢？這樣的禱告不是一種死板的儀式，而它是我們呼求的格式和根基。

「神啊！充滿我！使我心裡的力量剛強起來。藉著信心讓耶穌住在我心裡，向我的心傳遞並表達神對我的愛。主啊，我想在這個愛裡成長，有根、有基並建造。我想了解，認識這愛。我想要這樣的穩固，向我啟示，讓我能藉著聖靈擁有這愛。我渴望認識你。」

保羅的祈求不只是為要獲取在頭腦裡的信仰，他是在求內心的改變和聖潔的良知。我並不是反對我們對神的愛要有一個符合聖經的理解。「人當以訓誨和法度為標準，他們所說的若不與此相符，必不得見晨光。」（賽 8：20）在我們這一生中，神的話語是真理的裁判，藉神的話語我們能認識到神對我們的愛，並且我們也明白耶穌對我們說：「常在我的愛裡。」

儘管如此，保羅還是藉著聖靈為這些人禱告。讓我們屈服於神在保羅生命中一樣的恩典，進入這恩膏裡並請求主賜給我們啟示，藉著神的「啟示」我們可以更加信服。

我們要行走在祂啟示的道路和關係中。約翰福音 17 章 3 節中說永生就是認識神。神將彌賽亞（耶穌）揭示給你，祂也同樣會將祂的愛揭示給你。不要疑惑，神一定這樣做，因為這是祂的旨意。

學習及思想

另外一個有幫助我們的成長及消除障礙的方法是：專心的學習和仔細的思考。接受真理就好像是接受禮物，接受者充滿的渴望、打開包裝、滿心歡喜、充滿感謝、閱讀說明、使用和享受所得到的禮物。我們也應該用同樣的方式去接受神的話語，把這個過程應用在研讀聖經上。你要專心的學習經文，並用信心來實踐神的話語，去滿足你認識神愛的需要。然後，重複再來一遍，反復學習。

仔細的思考是能幫助我們完滿的住在神的愛中一個很好的做法。在舊約中有好幾個希伯來文單詞被翻譯成「思考」，這些詞都包含這樣一個概念，也就是「一遍又一遍地講說某事」，「真正地考慮一件事情」、「深思」、「喃喃自語」或「沉思」。

思考就好像是在面對一場重要的考試時，你努力回想起一個概念或要記住一個事實；你去找尋神為要得到真理，就如在一個陌生的城市裡你去尋找路標以趕赴一個重要的約會一樣。

每個人都會思考。幾乎每個人都曾經對聖經有所思考，但不一定都在思考神話語的真理。當你看到某人非常惱怒而自言自語的時候，他就是在思考；如果你因為憂慮而喃喃自語，這也是在思考。那些雖然是思考，但是卻思考在錯的地方。

最終，聖經式的思考是專心投入在聖經中的真理上，達到一種情不自禁的會去思考或談論的程度。當你應用經文來祈禱，並考慮你所禱告的，你就是在思考；當你把旋律加入經文中並專心的歌唱時，你就是在思考；當你花時間研讀經文並考慮其中的含義時，你就是

在思考；如果你由記憶中的一段經文去酌量它的意圖，你就是在思考；如果你把握住了聖靈給你對一段經文的開啟，又在神的面前思量它，你就是在思考。

記念過去的歷史是幫助我的思考的另外一個關鍵。記念可以説是聖經的歷史傳統。擁有一本神聖的歷史是一件很美好的事。在猶太人神聖的歷史中有一些特殊的日子像普珥日和修殿節，普珥日是以斯帖的節日。這個紀念日是不是主所定的呢？不是，它最起初類似於「神為我們做了這件令人難以置信的事情，讓我們每一年都紀念。」修殿節也是如此，奉獻的節日，我們知道耶穌也曾慶祝過此節日。

> 在耶路撒冷有修殿節，是冬天的時候。耶穌在殿裡所羅門的廊下行走。 （約 10：22-23）

紀念過去的歷史也要作為你個人傳統的一部分，我鼓勵你去寫日誌。作為你個人思想的一部分、作為一種記憶的方式，花時間寫下那些神向你啟示的真理。我有一些很重要的與神的經歷，在我的日誌上我對於這些事件標上記號，這些日子對我個人而説是聖日，我紀念這些事情因為我想在神的面前記住它們。比如説，我記得我將我的生命奉獻給耶穌並開始做祂的門徒的日子。我還記得那一時刻，我還記得誰在跟我談話。我記得！

學習神的話語，思考神的話語。記住你與神同行的歷史，將神為你所成就的事情記下來並帶著感恩的心去回顧。

種和收

種和收是一個很重要的屬靈原則，它可作為我們認識神愛的一個方法。

> 不要自欺，神是輕慢不得的。人種的是什麼，收的也是什麼。順著情慾撒種的，必從情慾收敗壞；順著聖靈的撒種的，必從聖靈收永生。 （加 6：7-8）

何西阿書十章 12 節鼓勵我們：

> 你們要為自己栽種公義，就能收割慈愛。現今正是尋求耶和華的時候，你們要開墾荒地，等祂臨到，使公義如雨降在你們身上。

我們可以使用撒種這個原則去收穫對認識神的愛。到目前為止，我們所談論的事情都很個人的，幾乎都是內在的。撒種為我們提供了另外一個工具：行動。神設置了種與收的定律，你可以依靠神並靠著信心去行動。

在時間被創造之初神就已經設定了週期的過程，種和收是最初及最根本的一個重要週期過程。閱讀下面的一段經文：

> 地還存留的時候，稼穡，寒暑，冬夏，晝夜就永不停息了。
> （創 8：22）

正如耕種，一個人可以撒種並有收成。同樣在屬靈上，我們也可以有意的去撒種。怎麼做呢？藉著信心去行動。

來看一下這個原則：「凡不出於信心的都是罪。」（羅 14：23）。這只是一句警戒而併非要去束縛你去行動的經文，但是這句話跟神的愛有什麼關係呢？它跟種和收又有怎樣的聯繫呢？

來看以下的兩節經文：

> 你所揀選、使他親近你、住在你院中的，這人便為有福！
> （詩 65：4）

> 你們親近神，神就必親近你們（雅 4：8）

我們盼望神將會肯定的回應我們聖潔的行動是一個正確的想法。要相信有一位神，是祂允許每件事的發生；要相信我們會站在祂面前按照我們所做及所行的受審判。我們要在神的面前為我們的每一個

行為交賬，我們要收穫我們生命中所種下的。這並非是一件負面的事。

> 我雖不覺得自己有錯，卻也不能因此得以稱義；但判斷我的乃是主。所以，時候未到，什麼都不要論斷，只等主來，他要照出暗中的隱情，顯明人心的意念。那時，各人要從神那裡得著稱讚。 （林前 4：4-5）

如果你有這樣的信心，要行在其中。付諸行動，相信有一位神看見了你一切所行的，按照你所做的，祂給你收穫。這就是智慧的開端：要敬畏耶和華

> 所以，無論是住在身內，還是離開身外，我們立了志向，要得主的喜悅。因為我們眾人必要在基督台前顯露出來，叫各人按著本身所行的，或善或惡受報。我們知道主是可畏的，所以勸人。 （林後 5：9-11）

神立下種和收的定律，他設立這定律並且尊重祂所設立的。這不但是未來的最後審判的絕對真理，對現在來說原則上也是真實的。

種和收並不應該是一個令人害怕的概念，因為在這個原則裡包含的是機會。種的目的就是要根據你所種的去收。這一原則的實現就相似如果在 1970 年天使到訪你，天使説：「在不久的某一天，你會聽見一個叫比爾蓋茲的人。這個人會創立一所公司，這個公司將會公佈於世，它的名字是微軟。你應該變賣一切所有去買下並擁有此公司。」如果有人得到這樣的一個啟示的話，他會很高興的把握住這個機會投資在微軟上。不要讓那些與種和收有關的道理束縛你去行動。以信心開始撒種，有智慧地撒。要把握住現在有的機會。

種與收是一個很常見的經文主題，比如説箴言書。然而，主耶穌自己在路加福音六章 38 節 也肯定了這基本的智慧。

> 你們要給人，就必有給你們的，並且用十足的升斗，連搖帶按，上尖下流地倒在你們的懷裡；因為你們用什麼量器量給人，也必用什麼量器量給你們。

當我們相信種什麼就收什麼的時候，我們就是在運用我們的信心。使徒保羅對他所培訓的教會詳述了這些原則：

> 不要自欺，神是輕慢不得的。人種的是什麼，收的也是什麼。順著情慾撒種的，必從情慾收敗壞；順著聖靈撒種的，必從聖靈收永生。我們行善，不可喪志；若不灰心，到了時候就要收成。所以，有了機會，就當向眾人行善，向信徒一家的人更當這樣。（加 6：7-10）

> 甘心侍奉，好像服侍主，不像服侍人。因為曉得各人所行的善事，不論是為奴的、是自主的，都必按所行的，得主的賞賜。（弗 6：7-8）

你相信你種什麼就會收什麼嗎？當我們認識到每一個行為和每一個態度都是種子，並且這些種子最終會獲取豐收，那麼我們就會以信心行事。（羅 14：23 下）你願意認識彌賽亞對你的愛嗎？那麼就要愛他人如同對主的愛。

> 你想認識什麼樣的愛？
> 　　可見的、充滿活力、捨己的愛！

> 你應該種下什麼樣的愛？
> 　　可彰顯出來的，捨己、委身的愛！

播種 agape 的愛，在信心裡種播這愛，帶著「只在那叫他生長的神」（林前 3：7）這樣的期待去播種。我們所侍奉的是那致使萬事成長的神。

當你存心的去種播愛的種子，你對世界的觀點會隨之改變。突然間在你周圍的每一個人都是你種播神愛的機會，這樣你也從主那裡收

穫你所付出的。無可否認，要持續維持這種觀點並不容易，但是種與收的定律很值得我們去思考……它是符合聖經原則的。

當我們使用種與收的原則時，我們會有熾熱的願望、敬畏主和行在智慧中的經歷，這皆是十分美麗的。你對別人的愛是因為你愛神並想要認識祂的愛。因為你愛神並渴慕神，所以你愛在你周圍的人。當我們把最好的給於別人的時候，我們就是在服侍神。

你想要知道什麼是神所珍貴的嗎？那麼你就要珍貴的看別人，以信心來如此待他們。神特別愛那些信任祂的人，然而，神也愛世上的每一個人。祂愛以色列也愛萬國。祂愛失落的人，祂以 agape 的愛（在本書中我們已經學習過）愛著他們每一個人，以及你。讓神愛世人的心也進入我們的心，像祂一樣我們去尋求別人的益處。

我鼓勵你站在神的角度來看這迷失的人類，思量祂的心意，思考祂要救贖他們的渴望。你知悉神此時從事於你所渴望的事的成全的工作嗎？讓彌賽亞救贖人類的目標也成為你的目標；你想認識神差遣祂的兒子到加略山的愛的能力嗎？我們來關心祂所關心的，去挑起大使命的責任。

> 耶穌進前來對他們說：「天上，地下所有的權柄都賜給我了。所以你們要去使萬民作我的門徒，奉父，子，聖靈的名給他們施洗。凡我所吩咐你們的，都教訓他們遵守，我就常與你們同在，直到世界的末了。」（太 28：18-20）

另一個方面以神的眼光看你周圍的人就是要珍惜他們。你希望收到從主那裡來的信息嗎？請先回答：誰需要接受你的信息呢？是你的父母嗎？你的配偶嗎？你的孩子嗎？你的朋友嗎？還是那些跟你不相干的人呢？你想讓神重視你嗎？那你就要與「卑微」的人建立關係。這一切都是為主而做的，你不會失望的。

> 要彼此同心，不要志氣高大，倒要俯就卑微的人，不要自以為聰明。（羅 12：16）

你希望更好的去掌握聖靈透過這本書給你的教導嗎？那麼就去播種你所學到的真理給其他的信徒的心裡，去帶領那些不認識神的人給愛他們的神。當他人真正的體會了你的教導的時候，你就會更渴望的去經驗神的愛。當你向別人流露了這愛，神的愛也向你更加的流露。

在跟隨神的帶領的同時，你要有信心的去接收來自神的收穫，尋找各種機會將自己獻給主。服侍他人。按照神的旨意，花時間去讚美、敬拜、禁食和祈禱。奉獻錢財給主的事工和有需的人。愛你並服侍你的家人、服侍耶穌的信徒、服侍失落的人、有需的人、以色列人、你的國家和其它的國家的人。要刻意去撒種。事實上，要把自己種下去。把自己看成一顆種子，交在神的手裡，讓祂把你種下。

> 祂回答說：「那撒好種的就是人子，田地就是世界，好種就是天國之子；稗子就是那惡者之子。」（太 13：37-38）

這代價可能要花費你全部的生命，但請記住這個原則：

> 我實實在在的告訴你們：一粒麥子不落在地裡死了，仍舊是一粒；若是死了，就結出許多籽粒來。愛惜自己生命的，就失喪生命；在這世上恨惡自己生命的，就要保守生命到永生。（約 12：24-25）

最終，播撒的種子會結出「豐碩的果實。」當你讓自己在禱告中、教導中、愛中，饒恕中、傳福音中、在奉獻中撒種的話，你就會結出果子；為了收穫值得付上種播的代價。記住「人種的是什麼，收的也是什麼。」（加 6：7），這是一個神的應許。

結束語
在本章中我們涵蓋了廣泛的內容。我們論述了一些去追求認識神的愛的基本方法；祈禱，決心，信任神的話語，思考，原諒他人，以及種和收等等，這都可以擴展你對神愛的認識。相信耶穌的福音是能讓你完成這些事情的基礎。認識神的愛是神賜給我們的禮物，這

是一個有目標的禮物——它使得心得到滿足，這包括神的心和我們的心。

在我要結束本章的實用性的教導時，我鼓勵你脫離任何極端的行為，也就是說，跟從神不是要出於由絕望所產生的情急，而是要出於信心和決心的去追求。我們的態度必須是：「這是我想要培養的，這是我必須擁有的，這是神渴望讓我得到的，這是我要努力的，這是神要作的。我會努力，我要信靠祂。」

神愛你、並為你開闢了一條讓你可以親近祂的道路，這是一個不變的真理，在你追求這真理時，願你的心受鼓勵。神渴望你可以認識祂的愛並為此差遣了聖靈作為你的幫助。神主動，你回應。從神的愛心裡，祂為你開了一條道路，你可以得到祂為你的愛。你的受造和蒙救就是為了這一個原因：去認識神的愛，並讓你的生命充滿了祂的豐盛。

我們以羅馬書八章 31 至 39 節來作為本書的結束，我鼓勵你大聲朗讀並花時間思考。

> 既是這樣，還有什麼說的呢。神若幫助我們，誰能抵擋我們呢。神既不愛惜自己的兒子為我們眾人捨了，豈不也把萬物和他一同白白的賜給我們麼。誰能控告神所揀選的人呢。有神稱他們為義了。（或作是稱他們為義的神麼）誰能定他們的罪呢。有基督耶穌已經死了，而且從死裡復活，現今在神的右邊，也替我們祈求。（「有基督云云」，或作「是已經死了而且從死裡復活現今在神的右邊也替我們祈求的基督耶穌麼」）誰能使我們與基督的愛隔絕呢。難道是患難麼，是困苦麼，是逼迫麼，是肌餓麼，是赤身露體麼，是危險麼，是刀劍麼。如經上所記，我們為你的緣故，終日被殺。人看我們如將宰的羊。然而靠著我們的主，在這一切的事上，已經得勝有餘了。因為我深信無論是生，是天使，是掌權的，是有能的，是現在的事，是將來的，是高處的，是低處的，是別的受造之物，都不能叫我們與神的愛隔絕。這愛是在我們的主基督裡的。（羅 8：31-39）

思考

要認識神的愛，其中的一個途徑就是要去親身的與神相遇。天父不但給了我們祂的話語，祂並會給我們與祂相遇的經歷，這些經歷成為了我們生命的試金石。尋求去與神相遇的經歷會幫助你有信心的常住在祂的愛裡。作為對我們禱告的回應，「榮耀的天父」能將「那賜人智慧和啟示的靈賞給你們，使你們真知道祂。」（弗 1：17b）

神曾指示耶利米：「你求告我，我就應允你，並將你所不知道、又大又難的事指示你。」（耶 33：3）

神藉著祂的聖靈會賜給你關於祂自己和祂愛的啟示，這啟示將會改變你的生命。求神賜給你祂的聖靈。你可以做像這樣的祈禱：「主啊，我認識這愛還很不夠，我感覺我好像掌握到一些，但請讓我明白的更多。我並不是想要有一些與你話語無關的經歷。請你經由你的話語向我來啟示，藉著聖靈向我啟示，請將你自己顯示給我。」也許，神突然有一天用你餘生都無法忘記的一種方式將祂的愛傾倒在你的身上。

1. 在本章中，你學到了什麼最重要的真理？

2. 從本章中找出三處經文，能從其中包含的原則幫助你去認識耶穌的愛。這些原則是什麼？

3. 你意識到你的人生當中有一些週期嗎？如果有，你知道為什麼會有這些週期嗎？寫下你的答案並去為此禱告。

4. 當你在你朋友的生命中播撒愛的種子時，你可以收穫神愛你的啟示，請列舉三種你可以在你朋友生命中播撒愛的種子的方式。

5. 當你讀完這本書的時候，你覺得能夠勝任的將這些基本的原則教導給別人？你該如何使用神的話語去勸導那些不相信神愛的人呢？

6. 在本章中，你最掙扎的是哪部分？花更多的時間來研讀這方面的經文，並在禱告中交託。

7. 請用自已的文字解釋約翰福音 16 章 27 節，並以此作為個人的提醒及禱告

   父自己愛你們，因為你們已經愛我，又信我是從父出來的。